AF463796

# RÈGLEMENT PROVISOIRE,

Concernant le Service intérieur, la Police & la Discipline des Troupes d'Infanterie.

*Du 1.er Juillet 1788.*

A PARIS,
DE L'IMPRIMERIE ROYALE.

M. DCCLXXXVIII.

# TABLE DES TITRES ET ARTICLES

Contenus dans le présent Réglement.

## TITRE PREMIER.

### De la Discipline en général.

# TABLE DES TITRES ET ARTICLES
## Contenus dans le présent Règlement.

## TITRE PREMIER.
### *De la Discipline en général.*

Articles.

## TITRE II.

### *De l'ordre intérieur de Discipline & de Subordination dans les Compagnies.*



TITRE III.

Articles.

## TITRE III.

### Des règles extérieures de respect, de déférence & d'égards entre les divers grades.



## TITRE IV.

### De l'assiette du Logement, de l'arrangement des Chambrées & de la formation des Ordinaires.

*Assiette du Logement.*



*Formation & Police des Ordinaires.*

*Arrangement & tenue du Quartier & des Chambres.*

## TITRE V.

### *Des Officiers & bas Officiers commandés journellement, tant pour la Police du Quartier, que pour celle des Compagnies & de la totalité du Régiment ou d'un Bataillon d'Infanterie légère.*



## TITRE VI.

### *De l'ordre journalier & habituel de Service, de Police & de Discipline.*

*Articles.*



33. *Retraite*

## TITRE VII.

### *De la tenue du Régiment.*

## TITRE VIII.

### *Des diverses règles de Police générale des Corps.*

*Visite & repas de Corps.*



*Rixes, querelles ou batteries.*



*Tables des Officiers.*

*Articles.*

7. Comptes

## TITRE X.

## *Des Travailleurs.*



d

## TITRE XI.

### *Du choix des Appointés, Caporaux & bas Officiers, & de leur réception.*

## TITRE XII.

### *Des moyens & précautions à prendre contre la Désertion.*

46. *Effets*

## TITRE XIII.

## *Des Punitions.*

### *Des Punitions des Officiers.*

*Des Punitions des bas Officiers & Caporaux.*



*Punitions des Soldats.*



*Salles de Discipline.*

## TITRE XIV.

### *Des moyens d'assurer l'exécution du présent Règlement.*

FIN de la Table.

RÈGLEMENT

# RÈGLEMENT PROVISOIRE,

## *Concernant le Service intérieur, la Police & la Discipline des Troupes d'Infanterie.*

Du 1.er Juillet 1788.

## *DE PAR LE ROI.*

SA MAJESTÉ ayant, par ses Ordonnances en date du 17 du mois de Mars dernier, annoncé qu'Elle vouloit que toutes ses Troupes fussent assujetties à une discipline & à une police uniformes, & sentant que ce résultat ne peut s'obtenir & s'assurer que par des règlemens particuliers, relatifs à chaque arme, qui en prévoyant & fixant tous les détails, ne permettent pas que rien soit arbitraire ni indéterminé; Elle a, de l'avis du Conseil de la guerre, arrêté le présent Règlement, destiné à toutes ses Troupes d'infanterie; ledit Règlement devant être cette année exécuté provisoirement, & soumis aux observations des Commandans des provinces, des Chefs de divisions, des Officiers généraux-divisionnaires & des Commandans des régimens, pour être perfectionné, s'il y a lieu, & recevoir ensuite la sanction définitive de Sa Majesté, dans le Code militaire, dont il doit faire partie.

# TITRE PREMIER.

## *De la Discipline en général.*

### ARTICLE PREMIER.

*Subordination graduelle.*

L'INTENTION de Sa Majesté est qu'il règne dans toutes les Troupes d'infanterie une discipline, qui soit à la fois continue, ferme, juste & éclairée, & qui en établissant toujours de l'inférieur au supérieur, une obéissance passive, laisse en même temps à chaque grade intermédiaire, sa portion d'autorité ou de surveillance; cette subordination venant par degrés aboutir au Soldat qui en est la base, & aucun grade inférieur n'étant & ne pouvant se trouver opprimé par elle, puisque le grade qui est au-dessus de lui, obéit comme lui, & que ce grade forme sa perspective.

2.

*Caractères de l'obéissance & de l'autorité.*

VEUT Sa Majesté, que d'un côté l'obéissance de l'inférieur au supérieur soit toujours respectueuse, prompte, littérale & sans aucune réclamation qui retarde l'exécution de ce qui est ordonné; mais son intention est en même temps que de l'autre part, les ordres soient toujours donnés avec décence, & fondés en raison, ou conformes à la loi.

3.

*Égards à observer dans le commandement vis-à-vis de l'Officier.*

DÉFEND expressément Sa Majesté à tous Chefs ou Commandans, quelque grade qu'ils puissent avoir, de jamais se permettre vis-à-vis de leurs subordonnés, aucun propos qui pourroit les injurier ou insulter, se proposant Sa Majesté de punir sévèrement & suivant l'exigence du cas, toute transgression d'autorité de ce genre, qui en mettant l'offense à la place de la réprimande ou de la punition, ôte au commandement toute sa dignité.

4

*Mêmes égards de la part de l'Officier vis-à-vis du Soldat.*

ENTEND Sa Majesté, que cette bienséance dans l'exercice du commandement, dont la délicatesse & l'honneur doivent suffire pour faire un principe constant entre les Officiers de tout grade, ait de même lieu des Officiers aux bas Officiers & Soldats, en sorte que ceux-ci ne soient jamais ni tutoyés, ni injuriés, ni maltraités par eux; que tous les châtimens qu'ils leur infligeront, soient conformes à la loi; & qu'enfin, les Officiers les conduisent, les dirigent & les protègent en toute occasion; leur propre intérêt étant de les attacher à leur profession, & de se les affectionner personnellement, comme les compagnons de leur fortune & de leur gloire.

5.

*Idem, de la part des bas Officiers.*

CE que Sa Majesté ordonne & impose ci-dessus à tous ses Officiers envers les bas Officiers & Soldats, sera de même strictement observé par les bas Officiers envers ces derniers, & les Officiers des compagnies en seront responsables aux Commandans des Corps.

6.

*Subordination dûe à l'ancienneté dans le régiment.*

INDÉPENDAMMENT de la subordination graduelle que Sa Majesté a établie dans chaque Corps, par ses Ordonnances de constitution, Sa Majesté entend que dans tout ce qui regarde le service & la police publique, lorsque deux ou plusieurs Officiers du même grade & du même Corps se trouveront ensemble, la même obéissance ait lieu envers le plus ancien d'entr'eux, de la part de ceux qui seront moins anciens, comme si ce premier avoit un grade supérieur au leur.

7.

*Idem entre Officiers de différens régimens.*

CETTE subordination de grade à grade, & des moins anciens aux plus anciens dans le même grade, aura de même lieu dans toutes les circonstances qui intéresseront le service ou la police publique, entre des Officiers de divers Corps, & même de diverses armes.

8.

*Subordination entre les bas Officiers.*

LES règles prescrites ci-dessus, pour le commandement entre les Officiers, soit de même Corps, soit de différens Corps, soit de même arme, soit de diverses armes, auront également lieu pour les bas Officiers.

9.

*Établissement de la subordination graduelle.*

SA MAJESTÉ regardant la subordination graduelle prescrite ci-dessus, comme la base de la discipline, & étant informée que cette subordination n'est pas complétement établie dans ses Troupes, & particulièrement entre les Officiers des compagnies & des Capitaines desdites compagnies à leurs Officiers subalternes, Elle ordonne expressément aux Commandans des Corps de prendre tous les moyens nécessaires pour l'établir & pour l'assurer, & aux Commandans des divisions, Inspecteurs-divisionnaires & Officiers généraux commandant les brigades, d'y tenir fermement la main.

10.

*Moyens d'y parvenir.*

LA meilleure manière d'y parvenir, étant, que chaque grade surveille les grades qui lui sont subordonnés, & fasse usage envers eux de l'autorité qui lui est confiée, les Officiers généraux rendront, en toutes occasions, les Colonels des régimens & les Lieutenans-colonels des bataillons d'Infanterie légère, responsables de ce qui se passera dans leur régiment ou bataillon, & les puniront de toutes les fautes que ceux-ci auront laissé commettre par négligence, ou qu'ils auront laissées impunies. Lesdits Colonels ou Lieutenans-colonels en useront de même, à leur tour, envers les Officiers supérieurs à leurs ordres; ceux-ci, envers les Capitaines-commandans; les Capitaines-commandans, envers les Capitaines en second; & les Capitaines en second, envers tous les Officiers

Officiers de leur compagnie, &c. Cet enchaînement de ſurveillance gradative, une fois bien établi, chaque grade portera à celui qui eſt au-deſſus de lui la conſidération qu'il lui doit, & la diſcipline aura acquis ſon eſſentiel & véritable degré de perfection.

11.

*Punitions.*

LA diſcipline ayant beſoin du reſſort de la crainte & de l'exemple des punitions, mais ces punitions ne devant jamais être arbitraires, ni dans leur eſpèce ni dans leur application, Sa Majeſté fera connoître dans la ſuite de ce Règlement, ſes intentions ſur cet objet important.

12.

*Rapports graduels.*

TOUS les rapports & comptes à rendre, de quelque nature qu'ils ſoient, ne parviendront aux Officiers ſupérieurs, & de ceux-ci au Commandant du Corps, que par la gradation établie par les Ordonnances de conſtitution; & cette forme, qui a pour objet d'aſſurer à chacun l'exercice des fonctions de ſon emploi, en même temps que de les maintenir dans leurs limites, ne ceſſera de s'obſerver, que dans le cas où le bien du ſervice pourroit en ſouffrir, & où il ſeroit inſtant d'informer ſur le champ le Commandant du Corps, ou de prendre ſes ordres; mais après que cet objet aura été rempli, les grades intermédiaires ſeront informés de ce qui ſe ſera paſſé, ſelon l'enchaînement accoutumé, & ainſi qu'ils auroient dû l'être, ſans l'inſtance du cas.

13.

*Demandes à former dans le même ordre.*

TOUS les Officiers de chaque compagnie ſeront tenus de s'adreſſer au Capitaine en ſecond, pour faire parvenir au Commandant du Corps, les demandes de permiſſion, ou autres relatives au ſervice, qu'ils auront à former, & celui-ci s'adreſſera au Capitaine-commandant.

Le même ordre ſera obſervé pour les demandes de

TITRE I.er

grâces, telles que congé, relief, croix de Saint-Louis, pension, gratification, &c. Les Officiers remettront leurs mémoires au Capitaine en second de leur compagnie, celui-ci y joindra son attestation & ses observations, & le remettra au Capitaine-commandant, qui en usera de même, & les fera passer au Major en second, celui-ci au Major, le Major au Lieutenant-colonel, & le Lieutenant-colonel au Colonel, chacun y ajoutant de même, l'apostille qu'il jugera convenable.

Cette gradation ne sera interrompue qu'en cas d'absence de l'un ou de plusieurs des Officiers qui la composent.

14.

*Grâces demandées par le Colonel.*

LES Colonels des régimens & les Lieutenans-colonels des bataillons de Chasseurs, pourront toutefois demander des grâces pour les Officiers de leur Corps qu'ils en jugeront susceptibles, sans qu'ils aient besoin de faire signer leur demande, ni par l'Officier qu'elle concernera, ni par ceux qui sont en grade au-dessus de cet Officier : bien entendu cependant, que cette demande passera par les Officiers généraux divisionnaires, suivant les règles établies.

15.

*Permission d'expliquer au Colonel les motifs de sa demande.*

ORDONNE Sa Majesté aux Commandans des Corps, de ne recevoir aucune demande qui ne soit faite conformément à l'*article 13*; mais en même temps que Sa Majesté a jugé cette forme nécessaire au maintien de la subordination, comme Elle veut qu'il n'y ait jamais, dans ses loix de discipline, rien de porté à l'extrême, & qui puisse favoriser l'injustice, Elle n'entend point priver par-là, tout Officier de s'adresser directement au Colonel du régiment, ou au Lieutenant-colonel d'un bataillon d'Infanterie légère, pour lui expliquer, lorsqu'il le trouvera nécessaire, les motifs particuliers & personnels qu'il peut avoir de faire une demande; cette demande lui parvenant d'ailleurs en forme, par la gradation établie.

16.

*Même gradation pour les demandes formées par les Officiers supérieurs.*

Ce qui est prescrit par les articles ci-dessus, pour les Officiers envers les Capitaines en second, & pour les Capitaines en second envers les Capitaines-commandans, aura de même lieu, des Capitaines-commandans au Major en second, de celui-ci au Major, & du Major au Lieutenant-colonel & au Colonel; chaque grade s'adressant ainsi au grade qui le précède, dans la forme, & avec la modification expliquée par les articles ci-dessus.

17.

*Uniformité dans les rapports, &c.*

Mais rien n'étant propre à assurer l'exécution des règles, comme la fixation & l'uniformité de tous les détails qui y sont relatifs, Sa Majesté a fait annexer au présent Règlement, des modèles de tous les rapports, demandes de permission, mémoires pour grâces, &c. & son intention est que ces modèles soient exactement suivis.

18.

*Le Colonel chargé de maintenir la subordination graduelle.*

L'exemple de la subordination donné par les grades supérieurs, influant puissamment sur celle des grades inférieurs, les relations gradatives de discipline & d'obéissance d'un Officier supérieur à l'autre, dans chaque régiment, existeront & seront maintenues par les Colonels des régimens, & Lieutenans-colonels des bataillons d'Infanterie légère, avec la même vigilance & la même fermeté que dans les autres grades.

19.

*Ordres du Colonel exécutés en son absence.*

Les ordres que les Colonels donneront, en leur absence, à leur régiment, & les Lieutenans-colonels d'Infanterie légère à leur bataillon, seront exécutés avec la même ponctualité que quand ils seront présens, sauf les obstacles ou empêchemens, que des circonstances positives pourroient y apporter; l'Officier commandant le régiment ou bataillon en leur absence, devant alors leur en rendre compte, & leur expliquer les motifs qui ont fait apporter du retard ou des modifications à leurs ordres.

20.

*Surveillance des Commandans de division.*

MAIS en même temps que Sa Majesté veut que l'autorité des Colonels de ses régimens, & celle des Lieutenans-colonels de ses bataillons de Chasseurs, soit pleine & entière dans tout ce qui concerne l'exécution de ses Ordonnances & le bien de son service, Elle prendra ci-après, au titre intitulé: *Des moyens d'exécution du présent Règlement,* des mesures pour que les Colonels & Lieutenans-colonels ne puissent pas s'écarter eux-mêmes des Ordonnances, en y substituant, soit des changemens arbitraires, soit des interprétations, soit des supplémens de détails prétendus nécessaires, mais qui se trouveroient y déroger en quelque chose que ce puisse être; & au moyen de ces mesures, Elle rendra les Commandans de ses divisions responsables, que tous les Colonels de ses régimens & tous les Lieutenans-colonels de ses bataillons d'Infanterie légère, exercent leur autorité de la même manière, & n'en négligent l'usage ou n'en transgressent les bornes en aucun point.

## TITRE II.

### *De l'ordre intérieur de Discipline & de Subordination dans les Compagnies.*

ARTICLE PREMIER.

*Fonctions des Officiers & bas Officiers, surveillées par le Commandant du Corps.*

L'ORGANISATION de chaque compagnie, division, subdivision, & escouade, telle qu'elle est établie par l'Ordonnance de constitution des Corps, ainsi que l'indication sommaire des fonctions prescrites à chaque grade, par la même Ordonnance, devant servir de base à toute la discipline intérieure de la compagnie, les Commandans

Commandans des Corps veilleront à ce que les Officiers, bas Officiers & Caporaux se conforment, en toute occasion, à l'intention & à l'esprit de cette Ordonnance, chacun en ce qui les concerne.

2.

*Mêmes Officiers & bas Officiers conservés aux divisions.*

CETTE Ordonnance prescrivant de faire en sorte que les mêmes Soldats, soient constamment soumis à la vigilance des mêmes Officiers & bas Officiers, les Commandans des Corps tiendront également la main à ce que cette disposition soit observée, le plus qu'il sera possible, tant dans la composition des divisions, subdivisions & escouades, que dans la formation sous les armes, & dans l'arrangement des chambrées & ordinaires.

3.

*Formation des chambrées.*

LA formation des chambrées, ainsi que celle des ordinaires, aura lieu conformément à ce qui sera dit au *Titre IV.*

4.

*Caporaux responsables de leur escouade.*

LES Caporaux répondront de tout ce qui se passera dans leur escouade, de contraire aux Ordonnances & aux Règlemens de Sa Majesté, ainsi qu'aux ordres journaliers, donnés, soit par le Commandant du régiment ou du bataillon, soit par le Capitaine-commandant de la compagnie.

5.

*Suppléés en cas d'absence.*

EN l'absence du Caporal, l'escouade sera commandée par l'Appointé de la même escouade; si toutefois le Commandant de la compagnie ne l'en juge pas capable, & que l'absence du Caporal doive se prolonger, il donnera le commandement de l'escouade à tel Appointé qu'il jugera à propos.

6.

*Sergens responsables de leur subdivision.*

LES Sergens répondront chacun de la subdivision à laquelle, conformément à l'Ordonnance de constitution, ils feront attachés, d'abord au Sergent-major auquel ils feront fubordonnés, & enfuite aux Officiers.

7.

*Suppléés en cas d'abfence.*

EN l'abfence du Sergent, & quand cette abfence devra fe prolonger, il fera remplacé dans la furveillance des deux efcouades qui formeront la fubdivifion, par le plus ancien Caporal des deux efcouades, ou par tel autre que le Commandant de la compagnie jugera à propos d'attacher dans ce cas, à une defdites deux efcouades.

8.

*Sergent-major fuppléé en cas d'abfence.*

EN l'abfence du Sergent-major, & quand cette abfence devra fe prolonger, le Commandant de la compagnie le fera fuppléer par tel autre Sergent de ladite compagnie qu'il en jugera le plus capable.

9.

*Même autorité à ceux qui fuppléent, qu'aux titulaires.*

LE choix des hommes, qui, en cas d'abfence prolongée, devront, ainfi qu'il vient d'être dit, fuppléer les bas Officiers & Caporaux abfens, fera à la difpofition du Capitaine, & en l'abfence de celui-ci, à celle du Commandant de la compagnie.

Les Sergens, Caporaux ou Appointés choifis pour ces remplacemens, commanderont avec la même autorité que s'ils avoient le grade effectif de l'emploi qu'ils occuperont paffagèrement.

10.

*Remplacemens momentanés laiffés à la volonté du Capitaine.*

MAIS quelqu'utiles que puiffent être quelquefois ces remplacemens de fupplément, pour maintenir & pour affurer la difcipline intérieure, les Commandans des compagnies ne fe regarderont pas comme affujettis à les faire toujours, parce que, comme il importe que les bas Officiers, Caporaux & Appointés, aient l'habitude & la connoiffance des Soldats qu'ils commandent, les mutations trop fréquentes leur feroient perdre cet avantage: ce fera donc à l'intelligence & à la prudence des Commandans des compagnies, à les guider dans l'exécution des articles ci-dessus.

11.

*Choix des bas Officiers & Caporaux.*

LA discipline intérieure des compagnies, dépendant beaucoup des bas Officiers & des Caporaux, par les relations continuelles qu'ils ont avec les Soldats; & les Commandans des Corps ne pouvant par conséquent trop mettre de soins à les bien composer & à les bien faire servir, le présent Règlement fixera les moyens de les former & de les choisir, ainsi que les principes de leurs devoirs & du bon esprit dont ils doivent être animés.

12.

*Officiers responsables de leurs divisions & subdivisions.*

LES Officiers de chaque compagnie seront attachés aux divisions & subdivisions qui la composent, conformément à l'Ordonnance de constitution; le Capitaine les fera suppléer en cas d'absence prolongée, les uns par les autres, dans l'ordre de leur grade, de manière que chacun d'eux soit responsable d'une portion plus ou moins forte de la compagnie, en proportion de ce qu'ils seront tous, ou en partie, présens.

13.

*Sous-lieutenans suppléés par les Cadets-gentilshommes dans les régiments François & Irlandois.*

EN l'absence des Sous-lieutenans d'une compagnie, les Commandans des régimens François & Irlandois, & ceux des bataillons de Chasseurs, les feront suppléer dans leurs fonctions, par les Cadets-gentilshommes; mais il ne les emploîront ainsi, que quand ils seront instruits de tout point & en état de remplir parfaitement le service qui leur sera assigné.

14.

*Officiers titulaires remplacés par les surnuméraires dans les régimens Allemands.*

DANS les régimens Allemands & dans celui de Royal-Liégeois, les Officiers titulaires d'une compagnie étant absens, les Commandans de ces régimens les feront ſuppléer par les Officiers ſurnuméraires, mais ils ne les emploîront également, ainſi qu'il eſt dit ci-deſſus, que quand ils feront inſtruits de tout point, & en état de remplir parfaitement le ſervice qui leur ſera aſſigné.

15.

*Autorité des Officiers ſurnuméraires.*

Les Officiers ſurnuméraires qui feront ainſi attachés ſpécialement à une compagnie, pour y ſuppléer un Officier de leur grade, y auront la même autorité & les mêmes fonctions que s'ils étoient titulaires.

16.

*Ordres donnés par les Capitaines aux Officiers & bas Officiers de leur compagnie.*

Indépendamment des fonctions habituelles & du ſervice journalier preſcrit aux Officiers & bas Officiers, tant par le préſent Règlement, que par les autres Ordonnances de Sa Majeſté, le Capitaine ou Commandant de la compagnie, en ſon abſence, pourra employer leſdits Officiers ou bas Officiers, ainſi qu'il le jugera néceſſaire, pour l'exécution & le maintien de tous les objets d'ordre & de diſcipline; bien entendu qu'il ne leur donnera aucun ordre contraire, ſoit aux Règlemens de Sa Majeſté, ſoit à ce qui aura été ordonné par les Officiers ſupérieurs : mais ſi par une extenſion abuſive de ſon autorité, cela pouvoit avoir lieu, ils n'en feront pas moins tenus d'obéir, ſauf à faire enſuite leurs repréſentations à ce ſujet, au Major en ſecond, & en l'abſence de celui-ci, au Major, pour les faire parvenir au Commandant du régiment.

17.

*Capitaines reſponſables de leur compagnie.*

Enfin les Capitaines devant exercer toute l'autorité de leur grade ſur les Officiers, bas Officiers, Caporaux & Soldats de leur compagnie, & ayant, ainſi qu'il ſera dit au *Titre des punitions*, le droit de les punir quand ils feront en faute, l'intention expreſſe de Sa Majeſté eſt, que les Colonels de ſes régimens, & les Lieutenans-colonels de ſes bataillons de Chaſſeurs, & ſous

ſous eux, tous les autres Officiers ſupérieurs, ne faſſent que les ſurveiller & les diriger dans l'emploi de cette autorité, & les rendent ſeuls & perſonnellement reſponſables de la police, diſcipline, tenue, inſtruction & adminiſtration de leur compagnie; la même autorité devant au ſurplus, en l'abſence du Capitaine-commandant, paſſer à l'Officier qui le ſupplée, en ſorte que la compagnie ait toujours un Chef, qui ſous tous les rapports, réponde de ce qui s'y paſſe.

# TITRE III.

## *Des règles extérieures de reſpect, de déférence & d'égards entre les divers grades.*

LA ſubordination & le reſpect que les grades inférieurs doivent en toute occaſion, aux grades qui leur ſont ſupérieurs, ne devant pas ſe borner à l'obéiſſance qu'exige le ſervice, mais ſe manifeſter auſſi en toute circonſtance & ſous tous les rapports, Sa Majeſté n'a pas regardé comme indifférent d'entrer à cet égard dans quelques détails, & de fixer des règles, qui ſeront uniformément & ponctuellement obſervées dans toutes les Troupes de ſon armée, de quelqu'arme qu'elles ſoient.

ARTICLE PREMIER.

*Salut dû au grade ſupérieur.*

LES grades inférieurs préviendront toujours les grades ſupérieurs, ſoit par le ſalut d'uſage, quand il n'en ſera pas fixé d'autres, ſoit par les formes de ſalut ci-après preſcrites.

2.

*Forme du ſalut pour les Caporaux & Soldats.*

TOUT Caporal, Grenadier, Chaſſeur & Fuſilier, s'arrêtera quand il rencontrera, ſoit un Officier général, ſoit le Commandant de la place, ſoit le Commandant de ſon régiment, ſoit celui de ſon bataillon dans l'Infanterie légère, & il lui fera face, en ſe plaçant comme fous les armes, & en le fixant, fans porter la main au chapeau; cette forme ayant à la fois pour objet de lui rendre honneur, & de fe foumettre à fon infpection.

Il en ufera de même pour les autres Officiers fupérieurs de fon régiment, & pour le Commandant de fa compagnie.

A l'égard de tout autre Officier, foit du régiment, foit des autres Corps, foit de l'État-major des Places, des Commiffaires des guerres, ainfi que de tous Chevaliers de l'Ordre de Saint-Louis avec uniforme ou fans uniforme, il les faluera fans s'arrêter, en portant la main à plat fur le côté du chapeau, oppofé à celui où fera la perfonne qu'il faluera.

Il faluera de même les Adjudans du régiment & les bas Officiers.

Lorfqu'un Officier général, ou le Commandant de la Place, ou un Officier fupérieur du régiment, ou Commandant de la compagnie, entrera dans une chambrée, les hommes qui la compofent fe lèveront, fe mettront à leur place, au pied de leur lit, & porteront la main droite au chapeau, jufqu'à ce que le Chef de la chambrée faffe le commandement de *repos ;* pour tout autre Officier, lefdits hommes fe lèveront feulement fans fe déplacer.

Les Soldats en faction, rendront aux divers grades les honneurs prefcrits dans l'Ordonnance du fervice des Places, en attendant que Sa Majefté ait réglé par la nouvelle Ordonnance qu'Elle rendra concernant ce fervice, les changemens qu'Elle jugera convenable de faire à cet égard, foit relativement aux emplois de la nouvelle conftitution, foit par analogie à ce qu'Elle vient de prefcrire ci-deffus.

3.

*Forme de falut pour les bas Officiers.*

LES bas Officiers falueront tout Officier général, ainfi que le Commandant de la Place, les Officiers fupérieurs du régiment & le Commandant de leur compagnie, en s'arrêtant, ôtant leur chapeau, & le tenant abattu du côté droit, ſans faire aucune inclinaiſon ni de tête, ni de corps.

A l'égard de tous les autres Officiers, ils ne s'arrêteront pas, & les ſalueront du chapeau, ainſi qu'il eſt dit ci-deſſus.

4.

*Différens cas de ſalut de la part des bas Officiers, Caporaux & Soldats.*

TOUTES les fois qu'un bas Officier ou Soldat ſera armé d'un fuſil, il ne fera point le ſalut du chapeau, ni de mouvement pour y porter la main, il portera ſeulement régulièrement ſes armes ſans s'arrêter.

Lorſqu'un Officier général, ſupérieur ou autre, appellera un bas Officier ou Soldat pour lui parler, celui-ci s'avancera avec empreſſement juſqu'à deux ou trois pas de lui, en mettant le chapeau bas ſi c'eſt un bas Officier, ou y portant la main ſi c'eſt un Soldat, & l'un ou l'autre ne remettant le chapeau, ou n'en détachant la main, que quand l'Officier aura ceſſé de lui parler.

Quand, ſoit des Officiers généraux, ſoit le Commandant de la Place, ſoit celui du régiment, paſſeront à portée des bas Officiers ou Soldats aſſis ou arrêtés; dans le premier cas, les bas Officiers ou Soldats ſe lèveront, ſe placeront dans la poſition du port-d'arme, & dans cette poſition, les bas Officiers ôteront le chapeau & les Soldats y porteront la main droite à plat; dans le ſecond, ils ſe tourneront du côté de l'Officier, & le ſalueront de même.

Si les Officiers déſignés ci-deſſus ſont arrêtés, les bas Officiers ou Soldats qui paſſeront devant eux, les ſalueront en paſſant, en ôtant le chapeau, ou en y portant la main à plat.

Si le bas Officier eſt armé, il portera régulièrement l'arme du côté droit; ſi c'eſt un Soldat, il ſe placera au port-d'arme; l'un ou l'autre la préſenteront, ſi l'Officier qui l'appellera, eſt un Officier général, ou le Commandant de la Place, ou un Officier ſupérieur du régiment, ou le Commandant de ſa compagnie.

TITRE III.

5.

*Salut rendu par le grade supérieur.*

TOUT grade supérieur rendra exactement au grade inférieur le salut qu'il en recevra; ce salut entre Officiers de tout grade, sera le salut d'usage.

Tout Officier ôtera son chapeau à tout bas Officier dont il recevra le salut, & il portera la main au chapeau pour tout Soldat.

Tout Officier non reçu, & faisant le service de bas Officier ou de Soldat, sera tenu de se conformer à la forme du salut qui est prescrit ci-dessus, pour chacun des grades dont il remplira les fonctions.

6.

*Relation mutuelle de respects & d'égards, strictement observée.*

AUCUN Officier de quelque grade qu'il soit, n'apportera ni de la négligence ni de l'indifférence, soit à se faire rendre, par ses inférieurs, les marques extérieures de respect qu'ils lui doivent, soit à les reconnoître par les réciprocités d'égards établis; cette relation mutuelle de respects & d'égards, étant à la fois un devoir & un signe de la discipline qui doit exister dans toute armée, où on a le sentiment de l'ordre & de la subordination.

## TITRE IV.

### *De l'assiette du Logement, de l'arrangement des Chambrées & de la formation des Ordinaires.*

#### *Assiette du Logement.*

ARTICLE PREMIER.

*Logement des bas Officiers & Caporaux.*

LES compagnies étant partagées en divisions, subdivisions & escouades, le logement sera toujours, soit que les compagnies occupent des casernes ou des maisons séparées, soit même qu'elles soient logées chez l'habitant, assis

aſſis en conſéquence de cette formation, & de manière que les bas Officiers & Caporaux ſoient toujours le plus près qu'il ſera poſſible des hommes, dont la ſurveillance leur eſt ſpécialement confiée.

2.

*Compoſition des ordinaires.*

LA force des chambrées étant ſubordonnée à l'eſpace des chambres & au nombre de lits qu'elles peuvent contenir, il ne peut être établi rien de fixe ſur cet objet; mais les ordinaires ſeront toujours, ſoit l'hiver, ſoit l'été, de douze ou quinze hommes au moins; cette proportion ayant été juſqu'ici reconnue la plus avantageuſe pour l'économie, ainſi que pour la facilité de la vie du Soldat.

3.

*Ordinaires réglés ſur la force des compagnies.*

LES Capitaines fixeront le nombre des ordinaires, en conſéquence de la règle établie ci-deſſus, d'après la force de leur compagnie, en évitant, autant qu'il ſe pourra, de briſer les eſcouades.

Ils tâcheront auſſi de ne pas mêler, dans les chambrées, des hommes de pluſieurs ordinaires.

Mais ces arrangemens intérieurs ſeront, comme de raiſon, ſubordonnés aux localités & aux circonſtances particulières qui pourroient être plus favorables à la diſcipline & au bien du ſervice.

4.

*Facilités à donner aux Troupes pour leur logement.*

SA MAJESTÉ étant dans l'intention de ne faire changer les Troupes de garniſon ou quartier, que dans des cas extraordinaires, les Commandans des régimens chercheront à leur procurer toutes les améliorations poſſibles d'ordre & de commodité; & les Chefs de diviſion, Intendans des généralités, Directeurs des fortifications, Ingénieurs en chef, Commiſſaires des guerres, & Officiers municipaux des villes, leur donneront à cet égard, toutes les facilités qui dépendront d'eux.

5.

*Logemens numérotés des numéros des compagnies.*

LES régimens & bataillons de Chaſſeurs feront marquer extérieurement les corps de bâtimens ou maiſons occupées, du numéro des compagnies; de manière que ſi ce ſont des maiſons particulières, les numéros qu'ils mettront à ces maiſons, ne puiſſent point ſe confondre avec les numéros de police de la ville.

6.

*Chambres numérotées par compagnies.*

DANS les caſernes ou maiſons qui en tiendront lieu, chacune des chambres qu'occupera une compagnie, ſera, indépendamment de cela, numérotée ſur la porte; la première du numéro *1*, & les autres, des numéros ſuivans, ſelon la place qu'elles occuperont dans les corridors & eſcaliers.

7.

*Écriteau à placer à chaque porte.*

ON collera ſur la porte de chaque chambre, en dehors, un papier où ſeront inſcrits, en gros caractères, le nom & le numéro de la compagnie, le nom du Capitaine-commandant, le numéro de la diviſion, ſubdiviſion & eſcouade dont la chambre fait partie, le nom de l'Officier qui y eſt attaché, celui des bas Officiers, & enfin celui des Caporaux & Soldats qui occupent ladite chambre, en déſignant, de plus, le nom du chef d'ordinaire & le numéro de l'ordinaire. Ces tableaux ſeront faits à colonnes, & avec une marge ſuffiſante pour inſcrire les mutations; on les renouvellera toutes les fois que cela ſera néceſſaire.

A côté du nom de chaque Officier, ſera inſcrit ſon logement.

*Formation & Police des Ordinaires.*

8.

*Surveillance des Capitaines ſur les ordinaires.*

LA bonne adminiſtration des ordinaires pouvant beaucoup influer ſur la force & la ſanté des Soldats, les

Capitaines ne sauroient donner trop de soins à cet objet important, d'abord par le choix des chefs d'ordinaire, & ensuite par une surveillance assidue, tant de leur part que de celle des Officiers & bas Officiers.

9.

*Caporaux Chefs d'ordinaire.*

LES chefs d'ordinaire seront, autant qu'il sera possible, pris parmi les Caporaux, afin que réunissant l'autorité de leur grade à ces fonctions, ils puissent, en même temps qu'ils répondront de la conduite de l'ordinaire, répondre aussi de tout ce qui se passera, dans les chambrées, de contraire à l'ordre, à la police & à la discipline.

10.

*Cas d'exception.*

MAIS quoique telle doive être la règle habituelle, la conduite de l'ordinaire exigeant un genre d'intelligence, dont un Caporal, bon d'ailleurs pour toutes ses autres fonctions, pourroit manquer, & la confiance des Soldats dans leur chef d'ordinaire pour cette sorte de détails, ne devant pas être une chose indifférente pour déterminer ce choix, le Capitaine pourra, dans ce cas, choisir pour chef d'ordinaire un Appointé, lequel répondra alors de la gestion de l'ordinaire, le Caporal restant également responsable de tout ce qui se passera de relatif à la police & à la discipline, soit dans l'ordinaire, soit dans la chambrée de son escouade.

11.

*Détails de l'ordinaire renvoyés à l'Ordonnance d'administration.*

SA MAJESTÉ ayant déterminé, par son Règlement concernant l'administration des régimens, en date du 20 Juin dernier, tout ce qui a rapport à celle de la portion de la solde qui doit être affectée à la subsistance des Soldats, à la mise du pain en commun, à la gestion particulière des chefs d'ordinaire, à la forme de leurs livrets de compte, & à la surveillance qui doit être exercée, tant par les Officiers des compagnies, que par les Capitaines & le Commandant du Corps, sur cette partie essentielle de l'administration des compagnies, le présent Règlement ne fera mention ci-après, que de ce que la tenue des ordinaires peut avoir de commun avec la police & la discipline.

12.

*Soldats commandés pour faire la soupe.*

LES Grenadiers, Chasseurs & Soldats, seront commandés, chacun à leur tour, pour la soupe, & ils ne pourront jamais la faire deux jours de suite, à moins qu'ils n'y soient condamnés par punition.

Les Cuisiniers seront chargés de balayer les chambres & le quartier, ils seront en sarrau, pantalon & bonnet de police, sans d'ailleurs pouvoir se dispenser de se peigner, & de se mettre, le matin, dans le même état de propreté que les autres Soldats.

13.

*Caporaux & Chefs d'ordinaire exempts de la corvée de la soupe.*

LES Caporaux seront dispensés de la corvée de la soupe.

Lorsqu'un Appointé ou Soldat fera les fonctions de chef d'ordinaire, il sera exempt de la corvée de la soupe seulement, sans rien mettre pour cela à la masse de compagnie.

14.

*Les bas Officiers feront ordinaire entr'eux.*

LES bas Officiers de chaque compagnie ou de deux compagnies, mangeront ensemble, & aucun ne pourra manger ailleurs qu'à son ordinaire, sans la permission du Commandant du régiment, laquelle permission ne leur sera accordée, que lorsqu'ils auront leur ménage au régiment.

Ils prendront dans la compagnie un homme pour faire leur ordinaire; le Capitaine-commandant désignera pour cela un des hommes le moins propre au service militaire; cet homme payera son service, ainsi qu'il est fixé par l'Ordonnance d'administration.

15. DANS

TITRE IV.

15.

*En cas de détachement, les bas Officiers, pourront vivre avec les Soldats.*

DANS le cas où une compagnie seroit séparée en plusieurs quartiers, les bas Officiers ne pouvant pas alors, dans chaque quartier, se trouver en nombre suffisant pour faire ordinaire, ils pourront manger avec les Soldats, aux ordinaires des subdivisions auxquelles ils seront attachés.

16.

*Défense d'employer des femmes à la cuisine.*

LES bas Officiers ne pourront jamais se servir d'aucune femme ou fille pour leur cuisine, sans une permission par écrit, signée de l'Adjudant, & approuvée par le Major.

17.

*Les Adjudans veilleront sur les ordinaires des bas Officiers.*

LES Adjudans seront responsables de l'exécution de ce qui est ordonné ci-dessus pour les bas Officiers, & ils présenteront, tous les premiers du mois, au Major, qui le remettra au Commandant du régiment, un état des ordinaires des bas Officiers, avec le montant de ce qui leur en aura coûté par mois, afin que si leur dépense excède leurs moyens, il y soit mis ordre.

18.

*Règlemens pour les ordinaires, affichés dans les chambres.*

TOUT ce qui a rapport, tant à la gestion des ordinaires, qu'à leur police & discipline, sera, par les soins des Commandans des compagnies, extrait de l'Ordonnance d'administration & du présent Règlement, & inscrit lisiblement sur une feuille qui sera collée ou attachée à la cheminée de chaque ordinaire.

## *Arrangement & tenue du Quartier & des Chambres.*

19.

*Propreté dans les quartiers.*

LA propreté dans l'intérieur des quartiers, ainsi que l'arrangement des effets dans les chambres, influant nécessairement sur la santé des Soldats, sur l'exactitude

& la célérité du ſervice, & ſur la durée deſdits effets, les règles ci-après établies ſur ces différens objets, ſeront ſoigneuſement & uniformément obſervées dans toutes les Troupes de Sa Majeſté.

20.

*Cours, eſcaliers & corridors balayés.*

LES cours, eſcaliers & corridors du quartier, ſeront toujours maintenus dans le plus grand état de propreté, & à cet effet balayés exactement tous les jours, par les priſonniers détenus aux ſalles de diſcipline, & par les conſignés, ou à leur défaut, par des Soldats de corvée.

21.

*Chambres balayées.*

LES chambres ſeront de même toujours tenues avec la plus grande propreté, & pour cela balayées tous les matins, ainſi qu'il ſera dit ci-après; les Caporaux & chefs d'ordinaires en répondront, & cette corvée ſera, comme il a été dit, faite par les Cuiſiniers.

22.

*Vitres nettoyées.*

LES vitres ſeront nettoyées en dedans & en dehors, le 1.er de chaque mois.

23.

*Râteliers & planches à pain.*

TOUTES les chambres ſeront garnies, conformément à l'uſage, de râteliers & de planches à pain.

24.

*Lits marqués du nom des Soldats.*

LE nom de chaque Soldat ſera inſcrit à la tête du lit qu'il occupe, à la place la plus apparente.

25.

*Planche pour placer les effets d'habillement.*

ON établira au-deſſus de chaque lit, s'il n'y en a point d'établie, & à hauteur égale, pour tous, une planche deſtinée à y placer les effets d'habillement.

26.

*Havreſacs des Soldats toujours faits.*

LES havreſacs des bas Officiers & Soldats ſeront toujours faits & contiendront les effets fixés par l'Ordonnance d'habillement & d'équipement, excepté les broſſes, les ſouliers, le linge ſale & les guêtres noires, ces derniers étant mieux à l'air pour leur conſervation.

27.

*Havreſacs fermés & attachés.*

CES havreſacs ainſi faits & fermés à boucles, ſeront attachés au-deſſus du lit de chaque Soldat, de manière qu'il puiſſe en ſortir commodément ce dont il aura beſoin; ils ſeront tous mis à la même hauteur en en prenant l'alignement par en haut, & on obſervera de ranger les bretelles entre le dos du havreſac & la muraille, de façon qu'elles ne paroiſſent pas.

28.

*Chapeaux & bonnets, où placés.*

LES chapeaux ſeront accrochés à un clou, droit au-deſſus du milieu du havreſac, de manière que le derrière du chapeau y repoſe.

Les bonnets ſeront poſés ſur la giberne.

29.

*Effets d'habillement.*

LES habits & veſtes, quand on ne les portera pas, ſeront pliés en deux, la doublure en dehors, & poſés ſur la planche, & jamais ſur les cordes, ce qui obſtrue l'air & le jour.

30.

*Linge.*

ON ne ſouffrira pas, autant qu'il ſera poſſible, qu'on faſſe ſécher du linge dans les chambres.

Le linge ſale ſera placé entre la paillaſſe & le matelas.

31.

*Souliers & menus uſtenſiles.*

LES ſouliers ſeront ſuſpendus à des chevilles derrière le chevet du lit, les ſemelles en dehors.

Le ſac à poudre ſera pendu à la même place.

Les uſtenſiles & autres petits objets néceſſaires à la tenue, ſeront ſerrés & rangés, après qu'on s'en ſera ſervi, de manière à ne pas paroître.

32.

*Fusils.* Les armes seront placées au râtelier, & étiquetées chacune du nom du Soldat, sur le côté de la crosse, la platine sera en dehors & le chien abattu.

33.

*Sabres & gibernes.* Les gibernes garnies de leurs couvertures, étiquetées du nom de chaque Soldat, seront attachées par la boîte, au-dessus du chapeau, de manière que la courroie-porte-giberne retombe par-dessus la boîte.

Les sabres garnis de leur ceinturon, dans le fourreau, & hors du fourreau pour le moment de la visite des Officiers, seront pendus à un clou au-dessus de la giberne, ou à une cheville, pour que le baudrier ne puisse pas prendre de mauvais plis.

34.

*Chauffage.* Le chauffage sera placé, quand il ne pourra pas l'être ailleurs, sous les lits, s'il est en bois; & s'il est de tourbe, il sera placé sous un des côtés du manteau de la cheminée.

35.

*Ustensiles de cuisine, &c.* Les gamelles, cruches, ou autres ustensiles de cuisine, seront rangés dans un coin ou sous la table, & toujours de la plus grande propreté.

Les légumes seront en tas dans un coin de la chambre.

Les pains seront placés sur les tablettes qui y sont destinées, ainsi que les cuillers.

36.

*Arrangement ci-dessus subordonné aux localités.* Au reste, l'arrangement prescrit ci-dessus, étant subordonné aux localités, il va de suite qu'il faut le considérer comme un exemple donné, plutôt que comme un ordre général, & auquel il faille s'astreindre.

Il s'agit donc seulement, par-tout où cet arrangement ne

ne pourra pas être littéralement observé, de se contenter de suivre l'esprit de ce Règlement, qui est d'établir dans la tenue des chambres un ordre uniforme, qui puisse à la fois faciliter l'inspection des effets & leur conservation, entretenir la propreté, & sur-tout mettre les Soldats, en état de tout trouver promptement sous leur main, s'il falloit s'assembler à l'improviste avec armes & bagages.

A cet effet, toutes les fois que le régiment entrera dans un nouveau quartier, il sera établi, suivant les localités du nouveau logement, & le plus approximativement qu'il sera possible de l'ordre prescrit par le présent Titre, une chambre qui servira de modèle, & à l'arrangement de laquelle toutes les autres chambrées seront tenues de se conformer.

## 37.

*Ordre à faire observer aux Soldats.*

Le Soldat pourra, pendant la journée, déplacer & défaire son havresac, démonter ses armes, arranger sa buffleterie, enfin toucher à tous ses effets, lorsqu'il aura à s'en servir ou à les réparer; mais hors les cas nécessaires, & toutes les fois qu'il ne les aura pas ensuite remis soigneusement à la place ordonnée, & qu'il aura dérangé ou détruit les étiquettes, il sera consigné pendant un ou plusieurs jours, sauf à augmenter la punition suivant les circonstances, & s'il y avoit récidive.

## 38.

*Règlemens pour la tenue des chambres, affichés.*

Les règles établies ci-dessus pour la tenue des chambres, avec les changemens que le Commandant du régiment pourra juger à propos d'indiquer ou d'autoriser relativement aux localités ou aux circonstances, seront inscrites sur une feuille, & collées ou attachées dans les chambres, en dedans de la porte, pour qu'aucun Soldat ne puisse prétendre l'ignorer.

## 39.

*Tenue des chambres en hiver.*

Il reste à observer que, pendant l'hiver, une partie

des effets, & sur-tout des effets d'équipement & d'armement, ne doit pas rester dans les chambres, soit parce que les hommes sont absens, soit parce que ces effets, pour leur conservation, doivent être serrés dans les magasins, soit parce qu'ils ont besoin d'être réparés; mais au printemps, après la rentrée des semestriers & les réparations finies, l'arrangement des chambres & effets doit être rétabli suivant l'ordre prescrit; & la saison des exercices, qui est la représentation de la saison de campagne, étant arrivée, les Soldats doivent alors avoir sous la main tout ce qui leur est nécessaire pour s'équiper & paroître promptement sous les armes.

## TITRE V.

### *Des Officiers & bas Officiers commandés journellement, tant pour la Police du Quartier, que pour celle des Compagnies, & de la totalité du Régiment ou d'un Bataillon d'Infanterie légère.*

ARTICLE PREMIER.

*Capitaine de police.*

IL sera commandé toutes les semaines dans chaque régiment, un Capitaine pour veiller à tout ce qui a rapport à la discipline, à la police & au service intérieur du Corps: ce Capitaine sera désigné sous le nom de *Capitaine de police.*

Les Capitaines surnuméraires dans les régimens d'Infanterie Allemande & Liégeoise, une fois admis au service de leur grade, d'après l'examen du Commandant du régiment, concourront à ce service avec les Capitaines-commandans & en second.

2.

*Durée de son service.*

LE service du Capitaine de police commencera le Dimanche, immédiatement après que la garde aura défilé,

& durera jusqu'au Dimanche suivant à la même heure; les deux Capitaines, dont l'un entrera de service & l'autre en sortira, se trouveront à cet effet à la garde; & là, ce dernier communiquera à l'autre tout ce qu'il sera nécessaire qu'il connoisse de ce qui se sera passé, ou des ordres donnés pendant la durée de sa semaine, & de ce qu'il aura exécuté ou fait exécuter en conséquence.

3.

*Comptes à rendre par l'Adjudant de semaine.*

L'ADJUDANT de semaine remettra, à la même heure, au nouveau Capitaine de police, une copie de l'ordre du jour, & une feuille du rapport journalier conforme à celle qui aura été donnée au Commandant du régiment; & il lui rendra compte de plus, tant d'après son livre d'ordre, que d'après la consigne qui lui aura été donnée par l'Adjudant de semaine qu'il aura relevé, de ceux des ordres les plus récens, dont l'exécution auroit encore besoin d'être suivie.

4.

*Autorité du Capitaine de police.*

LE Capitaine de police, indépendamment du commandement qu'il exercera dans le quartier du régiment ou du bataillon, pour tout ce qui a rapport à la discipline & à l'exécution des ordres donnés, ou des règles établies, aura spécialement à ses ordres, les Officiers & bas Officiers de semaine des compagnies, l'Adjudant de semaine & la garde de police du quartier; rien ne pourra par conséquent se faire dans l'intérieur du quartier & des compagnies, par quelqu'ordre que ce soit, sans lui être communiqué, ou qu'il ne lui en soit rendu compte.

5.

*Sa tenue.*

LE Capitaine de police, portera pour marque de service, l'épée en baudrier & le hausse-col; il ne pourra s'éloigner du quartier pendant la durée de son service, qu'en faisant connoître à l'Adjudant de semaine, & au bas

Officier commandant la garde de police du quartier, dans quel lieu on pourra le trouver, à quelque heure que ce soit.

6.

*Ses fonctions.*

Le Capitaine de police sera présent à tous les exercices de détail, à tous les appels, à la soupe du matin & du soir, & il présidera à toutes les distributions.

S'il y a des punitions à infliger aux Soldats, ce sera devant lui qu'elles seront mises à exécution.

Il assemblera la garde, en fera l'inspection, fera, dans les vingt-quatre heures, une visite ou plusieurs, des postes du régiment ou du bataillon, visitera de même, une fois ou plusieurs, suivant l'exigence du cas, l'hôpital du régiment ou du bataillon; enfin, soit de jour ou de nuit, il veillera à tout ce qui a rapport au service, à la police & à la discipline du Corps, & il en sera responsable.

7.

*Comptes qu'il aura à rendre.*

Le Capitaine de police rendra compte, de vive voix ou par écrit, de tout ce qui se passera dans le quartier ou dans le régiment, au Major en second; & dans les cas pressés, au Commandant du régiment directement.

Cet ordre sera également exécuté dans les bataillons d'Infanterie légère, où le Capitaine de police rendra compte au Major, & dans les cas pressés, directement au Lieutenant-colonel Commandant du bataillon.

8.

*Officier de semaine.*

Il y aura dans chaque compagnie un Officier de semaine, chargé spécialement de surveiller tous les détails de police, discipline & service intérieur de la compagnie; cet Officier entrera en fonctions le Dimanche de chaque semaine, à l'heure de la garde, & sera relevé le Dimanche suivant, à la même heure.

Le Lieutenant en premier & en second, & les Sous-lieutenans,

lieutenans, ainſi que le Sous-lieutenant ſurnuméraire dans les régimens Allemands & dans celui de Royal-Liégeois, que le Commandant du régiment aura, après l'avoir examiné, admis à faire le ſervice, & attaché en conſéquence à une compagnie, rouleront enſemble à cet effet.

9.

*Ses fonctions.*

L'OFFICIER de ſemaine s'attachera, par ſa vigilance, à prévenir ou à connoître toutes les fautes ou négligences qui pourroient ſe commettre dans l'intérieur de ſa compagnie.

Il y ſurveillera tous les détails du ſervice, de la police & de la diſcipline, ainſi qu'ils ſont fixés par le préſent Règlement, & il ſera reſponſable de leur exécution, tant envers le Capitaine de police du régiment, aux ordres duquel il ſera, qu'envers le Capitaine en ſecond de ſa compagnie, & les Officiers ſupérieurs du régiment.

10.

*Son aſſiduité au quartier & ſa tenue.*

L'OFFICIER de ſemaine répondant de tous les détails, ſera par conſéquent aſſujetti à être préſent à tout ce qui s'exécutera dans ſa compagnie, de relatif au ſervice, & le moindre défaut d'aſſiduité à cet égard, ſera puni.

Lorſqu'il ne ſera pas au quartier, il ſera tenu d'informer le bas Officier de ſemaine de la compagnie, & le bas Officier commandant la garde de police, du lieu où on pourra le trouver.

Il portera d'ailleurs toute la ſemaine l'épée en baudrier.

11.

*Sera remplacé en cas d'empêchement.*

SI l'Officier de ſemaine tombe malade, ou eſt commandé pour un autre ſervice, il en ſera prévenir le Commandant de la compagnie, qui le ſera remplacer par un autre, de manière que les fonctions qui lui ſont confiées, ne puiſſent jamais manquer d'être remplies.

## 12.

*Devoirs des Officiers des compagnies.*

QUOIQUE l'Officier de ſemaine ſoit ſpécialement chargé de la ſurveillance de la compagnie, le Commandant du régiment ou du bataillon ne permettra point que les Officiers des compagnies ſe diſpenſent pour cela de remplir les fonctions de leur grade dans leur ſubdiviſion.

## 13.

*Sergent & Caporal de ſemaine.*

IL y aura toujours dans chaque compagnie, un Sergent & un Caporal de ſemaine; ils ſeront à cet effet nommés le ſamedi de chaque ſemaine, par le Commandant de la compagnie, qui fera tenir leur tour de ſervice en conſéquence.

Ils ſeront chargés de veiller à la police & à la diſcipline du quartier & de la compagnie, ſous les Officiers de ſemaine; ils ne pourront s'en abſenter que pour raiſon de ſervice, auquel cas ils ſeront remplacés.

Le Sergent & le Caporal de ſemaine, porteront toujours le ſabre, pour marque diſtinctive de leur ſervice.

## 14.

*Garde de police au quartier.*

IL y aura toujours au quartier une garde de police; ſa force ſera proportionnée aux circonſtances & à la volonté du Commandant du régiment ou du bataillon: cette garde ne fera point partie du ſervice de la Place, & ne défilera point à la parade, à moins que cette parade ne ſoit particulière au régiment ou au bataillon.

## 15.

*Fonctions du Commandant de la garde de police.*

L'OFFICIER ou bas Officier commandant la garde de police du régiment ou du bataillon, ſera reſponſable de l'ordre & de la tranquillité du quartier, ainſi que de l'exécution des différens ſignaux ordonnés pour la police ou pour le ſervice intérieur; il veillera pareillement à ce qu'aucun Soldat ne sorte du quartier sans être dans la tenue prescrite, ainsi qu'à l'observation de tout ce que le présent Règlement confie à sa surveillance.

16.

*Mêmes règles observées par les détachemens.*

LORSQU'UN régiment ou un bataillon d'Infanterie légère sera séparé, chacune des parties qui le composent, se conformera autant qu'il sera possible aux intentions expliquées ci-dessus, de manière qu'une surveillance relative y assure également l'exécution de tous les détails ordonnés.

# TITRE VI.

## *De l'ordre journalier & habituel de Service, de Police & de Discipline.*

### ARTICLE PREMIER.

*Uniformité dans la discipline.*

LA plus parfaite uniformité régnera dans toutes les Troupes d'Infanterie de Sa Majesté, pour tout ce qui a rapport au service intérieur & à la police: en conséquence tous les détails ci-après prescrits, y auront leur exécution de la même manière, aux mêmes signaux & aux mêmes heures, en sorte qu'en passant d'un régiment & d'un quartier à l'autre, on sente qu'il n'y a pour tous, qu'une même loi & une même discipline.

2.

*Tambour de service.*

IL y aura journellement dans chaque régiment ou bataillon, ou même dans chaque quartier, quand le régiment ou le bataillon sera séparé, un Tambour de service: ce Tambour sera attaché à la garde de police, sans être obligé de passer la nuit au corps-de-garde; il ne pourra jamais s'éloigner du quartier, & le Commandant de ladite garde saura toujours où il peut le trouver, soit de jour ou de nuit, tant pour faire les ſignaux ordinaires & preſcrits ci-après, que ceux qui pourroient être ordonnés extraordinairement, & pour quelque circonſtance imprévue.

3.

*Roulement du matin.*

LE Tambour de ſervice fera tous les jours un roulement à ſept heures du matin, depuis le 1.er Octobre juſqu'au 1.er Avril, & pendant les autres ſix mois de l'année, à ſix heures.

4.

*Appel du matin.*

A ce roulement, les Caporaux feront lever & habiller les Soldats de leur chambrée, & ils en feront l'appel.

5.

*Comment fait.*

TOUS les appels en chambre ſe feront toujours nominativement à haute voix, & chaque homme ſe placera à cet effet au pied de ſon lit, vers le côté du lit qu'il occupe.

6.

*Vérification de l'appel.*

LES Caporaux ayant fait l'appel de leur chambrée, en rendront compte au bas Officier de ſemaine, celui-ci la vérifiera en préſence de l'Officier de ſemaine, qui ſera tenu de ſe trouver au quartier, au ſignal du roulement.

7.

*Compte à rendre au Capitaine de police.*

LES appels particuliers étant vérifiés, chaque Officier de ſemaine en rendra compte au Capitaine de police, lequel doit auſſi ſe trouver au quartier, au roulement.

8.

*Chambres balayées.*

LES appels faits, les Caporaux feront ſoigneuſement faire les lits, balayer les chambres, ouvrir les fenêtres, pour faire renouveler l'air, & mettre enfin les chambres & tous les effets dans l'état de propreté & d'arrangement preſcrit.

Les

Les fenêtres seront toujours ouvertes aussi pendant qu'on sera à la parade particulière de la garde, le Capitaine de police aura soin que cet ordre ne soit pas négligé, étant très-essentiel à la santé des Soldats; on aura la même attention après la soupe du soir.

9.

*Corridors & escaliers balayés.*

PENDANT le temps qu'on sera occupé de nettoyer les chambres, le Commandant de la garde de police, fera balayer par les hommes détenus aux salles de discipline, par les consignés, ou par des Soldats de corvée, s'il n'y a point d'hommes aux salles de discipline ou consignés, le devant du quartier & les corridors, escaliers & autres parties du quartier, dont les compagnies ne sont pas spécialement chargées.

10.

*Soldats mis à la tenue.*

LES Soldats qui sont de service, se disposeront ensuite de tout point, comme ils doivent l'être; ceux qui n'en feront pas, & qui ne voudront pas sortir, seront néanmoins tenus de se peigner, de se laver le visage, les mains & les oreilles; ceux qui voudront sortir du quartier, se mettront dans l'état de tenue qui aura été prescrit par le Commandant du régiment.

11.

*Comptes à rendre par les Officiers de semaine.*

DANS l'intervalle des appels, jusqu'à l'heure fixée ci-après pour la soupe, les Officiers de semaine iront rendre compte à leur Capitaine, de l'appel & de ce qu'il y aura de nouveau dans les compagnies.

Ce sera dans le même intervalle, & conformément au dernier Titre du présent Règlement, que se feront tous les rapports particuliers des compagnies, lesquels devront servir à la formation du rapport général destiné au Commandant du régiment.

12.

*Compte à rendre par le Capitaine de police.*

CE sera aussi dans le même temps, & conformément au même Titre, que le Capitaine de police ira rendre compte au Commandant du régiment, de ce qui se sera passé au régiment ou au quartier, dans la nuit & depuis le matin.

S'il y a eu des Officiers & bas Officiers de semaine qui n'aient pas été exacts à leur service, il lui en rendra compte, ainsi que des punitions qu'il aura dû ordonner en conséquence.

13.

*Visites des chambres.*

LES Officiers de semaine seront de retour au quartier, un quart-d'heure avant la soupe.

Ils s'y occuperont, sur le champ, de la visite des chambres, pour voir si tout y est conforme aux règles établies; ils verront si les hommes de garde ou de service, travaillent à se mettre dans l'état prescrit.

14.

*Appel de la soupe.*

A dix heures, le Tambour de service fera un roulement : à ce roulement les Soldats mangeront la soupe. Les Officiers de semaine s'y trouveront, & ils prendront alors connoissance de tout ce qui compose la nourriture du Soldat, du poids & de la qualité des denrées, des détails d'économie & d'intelligence dans ce genre, de chaque Chef d'ordinaire, pour se mettre en état de rendre compte de tous les abus, ou de toutes les négligences qu'ils jugeront contraires aux intérêts ou à la santé des Sodats.

15.

*Soldats tenus de se rendre à l'appel de la soupe.*

AUCUN Soldat ne pourra se dispenser de manger à la chambre, & de s'y trouver régulièrement aux heures de la soupe, même quand il ne voudroit pas manger; on exceptera de cette règle ceux des travailleurs qui, pour leur avantage ou par la nature de leur travail, seront dans le cas de manger en ville; mais dans ce cas, il leur sera donné une permission particulière par le Commandant de la compagnie.

16.

*Pain mis en commun.*

L'OFFICIER de semaine veillera à ce que le pain soit mis ensemble & mangé en commun, cette méthode étant plus économique & plus profitable aux jeunes Soldats & plus avantageuse à tous, en ce que les pains ne s'entamant que successivement, ils se conservent mieux, & enfin plus conforme à l'esprit de fraternité & d'union qui doit régner dans une chambrée.

Les Caporaux & anciens Soldats, veilleront à ce qu'aucun Soldat n'emporte du pain hors du quartier.

Il n'y aura que les travailleurs qui mangeront leur pain séparément, attendu que la fatigue du travail devant occasionner une plus grande consommation, il ne seroit pas juste qu'elle se fît aux dépens de leurs camarades, & que d'ailleurs ils peuvent avoir besoin de porter leur pain à leur travail.

17.

*Travailleurs dispensés des corvées de l'ordinaire.*

LES travailleurs qui viendront manger la soupe & qui ne feront pas leur corvée de l'ordinaire, mettront six deniers par jour à l'ordinaire pour en tenir lieu.

Ceux pour lesquels on mettra la soupe à part, payeront un sou à l'ordinaire.

18.

*Le Capitaine de police surveillera les Officiers de semaine.*

LE Capitaine de police se trouvera au quartier à l'heure de la soupe, pour veiller à ce que les Officiers de semaine y remplissent ce qui leur est ordonné, & il entrera dans plusieurs chambrées au hasard, pour s'assurer de l'exécution de ce qui est prescrit.

19.

*Soupe mangée une fois par jour.*

LES régimens qui sont dans l'usage de ne manger la

soupe qu'une fois par jour, continueront de la manger à l'heure accoutumée, sans que cela change rien d'ailleurs à aucun des détails de police & de discipline prescrits dans le présent Titre.

20.

*Inspection des hommes de service par le Sergent.*

IMMÉDIATEMENT après la soupe, les Sergens & Caporaux, s'occuperont chacun dans les chambrées de leur escouade, de l'inspection particulière des hommes de service, pour se mettre en état d'en répondre à l'Officier de semaine.

21.

*Appel des hommes de service.*

UNE demi-heure après la soupe, les inspections préliminaires des bas Officiers devant être achevées, le Capitaine de police ordonnera au Tambour de faire un roulement.

22.

*Inspection des hommes de service par les Officiers de semaine.*

L'OFFICIER de semaine assemblera alors les hommes de la compagnie destinés à être de service, & il en fera l'inspection ; dans cette inspection il rendra les bas Officiers & Caporaux responsables de tout ce qui manquera aux hommes de leur subdivision ou escouade.

L'Adjudant rassemblera ensuite ceux de toutes les compagnies, & le Capitaine de police en fera une nouvelle inspection.

Dans cette inspection, les Officiers de semaine se placeront à la droite des Soldats de leur compagnie, & ils répondront au Capitaine de police, de tout ce qui pourroit leur manquer.

L'Adjudant assemblera ensuite les postes & les formera par rang de taille.

Les Officiers du régiment ou du bataillon destinés à monter la garde, seront tenus de se trouver au quartier à l'heure de l'inspection du Capitaine de police, & ils recevront leur garde des mains de l'Adjudant.

23.

*Officier ſupérieur préſent.*

Un Officier ſupérieur du régiment, ſe trouvera, autant qu'il ſera poſſible, à l'inſpection particulière de la garde du régiment, & il rendra le Capitaine de police reſponſable à ſon tour, de tout ce qui ne feroit pas en règle & qu'il n'auroit pas puni.

Il fera enſuite exercer ou manœuvrer la garde, ſuivant & ainſi que la force de cette garde le permettra, en faiſant commander, ſoit le Capitaine de garde ou de police, ſoit l'Officier ou bas Officier commandant la garde.

24.

*Garde conduite à la parade de la garniſon.*

Lorsque la garde devra défiler à la parade de la garniſon, elle y ſera conduite par le Capitaine de garde, ou s'il n'y en a point, par celui de police, qui mettra l'épée à la main, ſi elle eſt de quelque force; ſi elle eſt compoſée de peu d'hommes, elle ſera ſimplement conduite par l'Officier ou bas Officier qui la commandera; mais dans tous les cas, le Capitaine de police, les Officiers de ſemaine de toutes les compagnies qui fourniront des hommes à ladite garde, & l'Adjudant de ſemaine, l'accompagneront juſqu'à la parade.

25.

*Ordre & rapports.*

L'ordre & les rapports des vingt-quatre heures auront lieu à la parade générale, ce premier ainſi qu'il ſera dit au *Titre de l'Ordre*, dans l'Ordonnance du ſervice des Places; & les rapports, conformément à ce qui ſera dit au *Titre XIV*.

26.

*Parade particulière.*

Les régimens ou bataillons étant ſeuls dans une garniſon ou quartier, ou ſi, ſe trouvant avec pluſieurs autres régimens, le Commandant de la Place a ordonné qu'il n'y auroit point de parade générale, la parade particulière n'en aura pas moins lieu avec la même règle & la même exactitude, ainſi qu'il ſuit:

TITRE VI.

## 27.

*L'heure & la forme de la parade particulière.*

DANS les provinces du nord du royaume, un peu avant midi, & dans les provinces méridionales, à l'heure que le climat & la saison feront indiquer par le Commandant de la province, ou à son défaut par celui de la Place ou du régiment, la garde se trouvera formée sur la place d'où elle doit défiler, ayant en face d'elle un bas Officier & un Caporal d'ordre par compagnie à la tête desquels sera un Adjudant.

A la droite des bas Officiers d'ordre & vis-à-vis la garde; les Officiers seront formés sur trois rangs, le premier composé des Capitaines, le second des Lieutenans, & le troisième des Sous-lieutenans & Porte-drapeaux, ayant à quatre pas en avant d'eux les Officiers supérieurs.

## 28.

*Le Commandant du régiment fera défiler la garde.*

LE Commandant du régiment ou du bataillon fera l'inspection, s'il ne l'a déjà faite, & fera défiler la garde, soit à son commandement, soit à celui de tel Officier supérieur qu'il désignera, ou du Capitaine de garde, ou du Capitaine de police, lequel sera placé à six pas à la droite & en avant de la garde, l'épée à la main.

Immédiatement après la garde, on fera les rapports & on formera les demandes, on donnera & on rendra l'ordre, ensuite l'Adjudant reformera les rangs des bas Officiers, & les ramènera en règle au quartier, si l'ordre n'y a pas été donné.

## 29.

*Devoirs des Soldats après la descente de la garde.*

LES Soldats qui descendent la garde, s'occuperont à leur retour à la chambre, à remettre en ordre ou en état toutes les parties de leur habillement, équipement & armement, ils déchargeront leurs armes & rendront les cartouches au Fourrier; enfin ils seront prêts à subir une inspection quelques heures après, si on le jugeoit à propos.

30.

*Appel pour l'ordre.*

A quatre heures moins un quart en hiver, & à cinq moins un quart en été, le Tambour fera un roulement, les compagnies se formeront sur trois rangs, & l'appel se fera en présence de l'Officier de semaine, ensuite celui-ci fera former un cercle à la compagnie & donnera l'ordre; le Fourrier lira l'ordre à haute & intelligible voix d'après son livre, il expliquera avec netteté tout ce que les Soldats paroîtront ne pas entendre, commandera le service, les corvées, les hommes qui devront se trouver aux différentes instructions, &c.

Dans le cas où l'ordre de la veille renfermeroit des objets dont les Soldats doivent être prévenus, il sera relû de même, pour l'instruction des hommes, qui, la veille, auroient été de garde ou absens.

Les Soldats écouteront l'ordre en silence, & la main gauche portée au chapeau; l'Officier de semaine fera ensuite rompre le cercle par un demi-tour à droite, & la compagnie rentrera dans son quartier pour manger la soupe.

Pendant l'hiver, l'appel de la soupe se fera dans les chambres, & l'ordre ne se donnera qu'à l'appel de la retraite, pour ne pas multiplier les sorties dans un aussi court espace de temps.

31.

*Ordres pressans donnés après la parade.*

QUOIQUE l'heure de l'ordre soit fixée ainsi qu'il est dit ci-dessus, parce que la compagnie se trouve dans le cas de se rassembler pour la soupe, cependant, si à l'ordre de la parade, il y avoit eu quelque chose de plus instant à communiquer aux Soldats, les bas Officiers d'ordre leur en feroient la lecture immédiatement après la garde & leur retour au quartier, sans attendre l'heure accoutumée.

32.

*Soupe du soir.*

IMMÉDIATEMENT après l'ordre donné, les Soldats mangeront la soupe; les Officiers de semaine y assisteront.

On enverra la soupe aux hommes de garde par les Cuisiniers, qui alors quitteront leur pantalon; ils porteront aux mêmes hommes leurs bonnets de police & sarraux pour la nuit, s'ils ne les avoient pas avec eux.

33.

*Retraite.*

TOUS les soirs à l'heure ordonnée, tous les Tambours du régiment ou du bataillon se rendront sur la place d'armes, si c'est dans une garnison; & si c'est en quartier, devant le corps-de-garde de police; ils y seront conduits en ordre par le Tambour-major, & y batteront ensemble la retraite jusqu'au quartier de leur régiment, bataillon ou compagnie, si les compagnies occupent des logemens séparés.

34.

*Appel du soir.*

UNE demi-heure après la retraite, il sera fait un roulement par le Tambour de police; à ce signal, tous les Soldats sortiront du quartier, ils se formeront sur trois rangs, les bas Officiers à leur place de bataille, l'Officier & le Sergent de semaine faisant face à la Troupe, l'appel se fera alors nominativement & à haute voix.

Si l'ordre n'a pas été donné à l'appel de la soupe, on en fera la lecture à celui-ci, ainsi qu'il est dit à l'*article 30*.

Si le temps ne permet pas de sortir, il se fera dans les corridors; & enfin au défaut d'espace dans les corridors, il se fera dans les chambres.

35.

*Quartier fermé.*

APRÈS l'appel, le quartier se fermera, s'il peut être fermé,

fermé, ſinon les ſentinelles & la garde de police redoubleront de vigilance pour ne laiſſer ſortir perſonne.

36.

*Forme des appels & rapports.*

LES appels & rapports ſe feront & ſe rendront conformément à ce qui eſt dit aux *Titres XII & XIV* du préſent Règlement.

On ſe conformera de plus pour les comptes d'appels à rendre, à ce qui eſt, ou ſera preſcrit dans l'Ordonnance du ſervice des Places.

37.

*Coucher des Soldats.*

LES Caporaux veilleront à ce que tous les Soldats couchent avec un bonnet, qui ne ſera jamais le bonnet de police; ils veilleront auſſi à ce qu'ils défaſſent tous les ſoirs leur catogand.

38.

*Feux éteints.*

LES bas Officiers de ſemaine feront éteindre les feux & chandelles dans toutes les chambres à l'heure preſcrite par le Commandant du régiment, & ils ne ſe coucheront qu'après.

39.

*Viſite des corridors.*

UNE heure après la retraite, le Capitaine de police ſera la viſite des corridors du quartier.

Pendant la nuit, le bas Officier commandant la garde de police, fera, à diverſes heures, de pareilles viſites, pour s'aſſurer ſi tout eſt tranquille & dans l'ordre; il ſera accompagné dans ces viſites par deux Soldats de ſa garde, pour pouvoir arrêter tous les contrevenans à l'ordre établi.

Le Caporal de garde du quartier fera tous les jours ſon rapport au Capitaine de police, des viſites qui auront été faites pendant la nuit précédente, & de ce qui aura pu ſe paſſer de contraire au bon ordre, à la police & à la diſcipline.

## 40.

*Le Samedi consacré aux travaux de propreté.*

A moins de circonstances extraordinaires, il n'y aura le Samedi ni exercice, ni manœuvre, ce jour devant être employé spécialement aux travaux de propreté & de tenue.

On lavera ce jour-là les bancs & les tables; on arrosera & balayera les chambres ainsi que les corridors & les escaliers; on battra les couvertes, si le temps le permet, en observant de n'y employer que des houssines ou des martinets, & jamais de bâtons, ni d'autres instrumens qui puissent les déchirer; on battra aussi de temps à autre les matelas pour les aérer; on changera la paille des paillasses, & les draps, si c'est l'époque prescrite pour le renouvellement de ces fournitures; enfin les Soldats s'occuperont de tout ce qui est relatif à la tenue de leurs effets d'armement, d'habillement, & d'équipement.

## 41.

*Visites aux Officiers supérieurs.*

TOUS les Dimanches, les Officiers de chaque compagnie se rendront chez leur Capitaine en second, pour aller de-là avec lui faire une visite au Capitaine-commandant; les Capitaines-commandans à la tête des Officiers de leur compagnie, se rendront chez le Commandant du régiment, où se trouveront tous les Officiers supérieurs.

## 42.

*Inspection des registres des compagnies.*

LE Commandant du régiment ou du bataillon se fera, quand il le jugera à propos, présenter à cette visite, les différens registres de compagnie, ainsi que les livres ou livrets des Capitaines, Officiers ou bas Officiers, pour s'assurer si les formes établies à cet égard, sont régulièrement suivies; & il donnera, pendant la durée de cette visite, les instructions verbales qu'il jugera utiles au bien du service.

43.

Les Officiers, après la visite faite au Commandant du régiment ou du bataillon, se sépareront pour se rendre au quartier du régiment, ou aux logemens séparés de leur compagnie.

*Les Officiers se rendront au quartier.*

44.

Tous les Dimanches matin, le Commandant du régiment ou du bataillon fera une inspection générale du régiment ou du bataillon, qui paroîtra, à cette inspection, en grande ou en petite tenue, selon que le Commandant le jugera à propos.

*Inspection générale du régiment.*

45.

Lorsque le régiment ou le bataillon ne sera pas caserné, chaque compagnie s'assemblera dans l'emplacement que le Commandant aura désigné une fois pour toutes, pour chaque compagnie; & là, après avoir été préalablement inspectée par le Capitaine, elle sera conduite par lui au lieu du rendez-vous général indiqué pour l'inspection du Commandant du régiment ou du bataillon.

*Lieu de l'assemblée.*

Quand il fera mauvais temps, l'inspection du Dimanche se fera dans les hangars, s'il y en a; & au défaut de hangars, dans les corridors, ou enfin dans les chambres.

46.

Les Officiers se trouveront, à cette inspection, dans le même genre de tenue qui aura été ordonnée pour les Soldats.

*Tenue des Officiers.*

47.

Les jours de Fêtes & Dimanches, on battera la Messe à l'heure ordonnée par le Commandant du régiment.

*Messe.*

Les compagnies s'assembleront, & se rendront ensemble à l'église, marchant par le flanc & par trois.

Les compagnies ſeront conduites par les Officiers de ſemaine, qui marcheront en-dehors du flanc droit.

Les Tambours ſeront à la tête du régiment ou du bataillon.

Si la Meſſe ſe dit avant la parade, la garde montante marchera après les Tambours, & précédera les compagnies.

Le Capitaine de police ſera préſent & conduira le tout.

Les compagnies ſe partageront dans la nef de l'égliſe, en ſe plaçant à la droite & à la gauche, & reſtant formées par le flanc, de manière que le milieu de l'égliſe ſoit libre.

Les Muſiciens & les Tambours ſeront enſemble en avant des deux premières compagnies.

La garde du jour ſera placée entre les Tambours & la première compagnie; elle gardera ſes rangs & ſes armes.

Il ſera tiré de cette garde, trois hommes choiſis, qui ſeront poſés, un de chaque côté de l'autel, & un en face.

La garde, ainſi que ces trois hommes, ſeront repoſés ſur les armes juſqu'au moment de l'élévation. Alors le Commandant de la garde commandera, *à voix baſſe*, de porter les armes, de les préſenter & de mettre le genou droit en terre; ces mouvemens ſeront exécutés ainſi qu'il eſt preſcrit dans l'Ordonnance de l'Exercice.

Pendant l'élévation, les Tambours batteront aux champs.

Après l'élévation, le Commandant de la garde commandera de ſe relever, de porter les armes, & de ſe repoſer ſur les armes.

Les trois hommes placés à l'autel, exécuteront les mêmes mouvemens que la garde.

Pendant la Meſſe, la muſique ne jouera que des marches ou autres airs d'un genre grave & analogue à la ſainteté du lieu.

Le Capitaine de police & les Officiers de ſemaine, ſeront reſponſables que les Soldats obſervent la décence convenable pendant le ſervice Divin; les Officiers du régiment

régiment qui seront placés dans le chœur de l'église, en donneront eux-mêmes l'exemple.

Quand la Messe sera finie, la garde sortira la première, pour se rendre, soit au lieu où elle doit défiler, soit à ses postes, s'il n'y a point de parade.

Les compagnies sortiront ensuite dans le même ordre qu'elles sont entrées; après la sortie, elles se sépareront, chacun s'en allant à volonté.

## 48.

*Lecture des Ordonnances.*

TOUS les premiers Dimanches de chaque mois, les Commandans des compagnies feront lire, dans les compagnies, les Ordonnances du Roi, concernant les crimes & délits, indépendamment de la lecture particulière qu'ils devront en faire faire à tous les hommes de recrue, jusqu'à ce que lesdits hommes en aient une connoissance suffisante.

Outre ces lectures, il sera affiché dans toutes les chambrées, un extrait imprimé desdites Ordonnances.

## 49.

*Visite du linge & chaussure tous les deux mois.*

IL sera fait, tous les deux mois, par chaque Commandant de compagnie, une visite générale du linge des Soldats, & de tous les effets de petite monture & d'équipement. Il vérifiera & confrontera, à chacune de ces visites, le petit livret de chaque Soldat, avec son registre de compte, & après les avoir vérifiés & mis en règle, il les visera.

## 50.

*Même visite tous les quatre mois.*

LA même visite sera faite par le Commandant du régiment, tous les quatre mois, à l'époque du décompte, & avant qu'il ne soit fait.

Quand le Colonel du régiment ou le Lieutenant-colonel d'un bataillon d'Infanterie légère n'aura pas été présens aux époques des décomptes, il sera tenu de faire extraordinairement une visite dans le mois de son arrivée, & une autre dans le mois de son départ, afin de connoître l'état dans lequel il aura trouvé & laissé le régiment sur cet important objet.

51.

*Travailleurs & distributions.*

ON se conformera, pour les travailleurs & pour les distributions, aux Titres qui les concernent.

52.

*Motifs d'exemption de service pour cause d'infirmité, vérifiés.*

AUCUN bas Officier ni Soldat ne sera exempt d'exercice ou de service, pour raison d'infirmité, sans un certificat du Chirurgien-major, visé par le Commandant de la compagnie, & approuvé par le Commandant du régiment ou du bataillon qui en sera tenir un état; mais il sera enjoint au Chirurgien-major de ne donner ce certificat qu'après le plus scrupuleux examen, pour éviter les surprises qui pourroient être faites par des hommes paresseux ou de mauvaise volonté, qui dans ce cas, seroient sévèrement punis.

53.

*Visite des malades.*

AUCUN Soldat ne pourra rester au lit, pour cause ou sous prétexte d'indisposition, plus d'une demi-journée, sans que le Chirurgien-major n'en soit averti, pour venir le visiter, & décider s'il est dans le cas d'être envoyé à l'hôpital ou de pouvoir être guéri aux casernes, par de petits remèdes ou par un traitement particulier.

54.

*Chirurgien-major averti.*

A cet effet, le Sergent ou Caporal de semaine, enverra par écrit, après l'appel du matin, au Sergent ou Caporal de la garde de police, le nom du Soldat de sa compagnie, qui pourroit se trouver incommodé, avec le numéro de la chambre, & le Chirurgien-major qui sera tenu de faire tous les matins, de bonne heure, une visite du quartier, passera au corps-de-garde pour raſſembler ces rapports, & aller en conſéquence voir les malades.

Pour qu'on puiſſe, au ſurplus, trouver le Chirurgien-major en tout temps, ſa demeure ſera ſur l'état du logement général du régiment, qui ſera affiché dans le corps-de-garde de police du quartier.

55.

*Convaleſcens diſpenſés de ſervice.*

TOUT bas Officier & Soldat, qui, en ſortant de l'hôpital, ne paroîtra pas parfaitement rétabli, ne ſera commandé pour aucun ſervice, qu'il n'ait repris ſes forces; les Commandans des compagnies les feront préſenter à cet effet auparavant au Chirurgien-major, qui en décidera.

56.

*Malades à la ſalle de diſcipline ou en priſon, viſités.*

AUCUN homme détenu à la ſalle de diſcipline ou en priſon, ne pourra être envoyé à l'hôpital, qu'après avoir été viſité par le Chirurgien-major; le Sergent ou le Caporal de police fera en conſéquence, quand il ſe trouvera des hommes dans ce cas, avertir le Chirurgien-major pour qu'il aille les viſiter.

57.

*Soldats à l'hôpital, à la ſalle de diſcipline & en priſon, raſés.*

ON veillera à ce que les Soldats qui ſeront à l'hôpital du régiment & que leur maladie en rendra ſuſceptibles, ainſi que les hommes détenus aux ſalles de diſcipline ou en priſon, ſoient raſés, au moins une fois par ſemaine: l'Adjudant de ſemaine veillera à l'exécution de cet article.

58.

*Devoirs du Chirurgien-major.*

LA nouvelle Ordonnance que Sa Majeſté rendra inceſſamment ſur les hôpitaux, détaillera au ſurplus, d'une manière préciſe, les devoirs journaliers du Chirurgien-major.

59.

*Propreté des Soldats.*

LA propreté des Soldats étant un moyen de ſanté, les Officiers & bas Officiers de ſemaine veilleront à ce qu'ils ſe lavent ſouvent les jambes & les pieds, & il y aura à cet effet un ou deux baquets par compagnie.

60.

*Uſage fréquent du bain, recommandé.*

ON les fera de plus baigner dans la ſaiſon, mais ce ſera toujours en ordre, les endroits ſeront reconnus, pour éviter les accidens, & les Soldats y ſeront conduits par un ou pluſieurs Officiers & bas Officiers de ſemaine, ſuivant le nombre.

Il leur ſera défendu, ſous tel prétexte que ce ſoit, de ſe baigner en particulier.

61.

*Propreté du linge.*

LES Officiers & bas Officiers des compagnies, veilleront à ce que les Soldats changent de linge au moins une fois par ſemaine.

62.

*Blanchiſſage du linge.*

LES Blanchiſſeurs ne prendront le linge du Soldat, & ne le leur rendront qu'à des jours fixés, autant qu'il ſera poſſible, & toujours en préſence d'un bas Officier ou d'un Caporal, ſous peine de n'être point payés du blanchiſſage du linge qu'ils auroient reçu ou rendu ſans cette formalité, & de punition plus grave, ſi, en manquant à cette règle, ils avoient favoriſé la déſertion d'un Soldat avec ſon linge.

63.

*Police des priſons & ſalles de diſcipline.*

LA police des priſons ou ſalles de diſcipline aura lieu, conformément à ce qui ſera dit au Titre *des Punitions.*

64.

*Régimens en route.*

LORSQUE les régimens ou les bataillons de Chaſſeurs ſeront

feront route dans le royaume, ſoit en totalité ou en partie, ils ſe conformeront, dans tout ce qui pourroit avoir rapport à cette circonſtance, au Règlement que Sa Majeſté ſe propoſe de rendre, concernant *les étapes, ou ſupplémens de ſolde pour en tenir lieu, les moyens de tranſport, ainſi que l'ordre, police & diſcipline à obſerver par les Troupes dans les marches.*

# TITRE VII.

## *De la tenue du Régiment.*

*Nota.* On n'indique dans le préſent Règlement, que la place & le titre de ce Chapitre, dont il n'eſt pas poſſible de fixer les détails, juſqu'à ce que Sa Majeſté ait prononcé ſur les changemens qu'Elle pourra avoir à ordonner dans l'habillement, équipement & armement de ſes Troupes d'Infanterie, d'après les eſſais, qu'Elle a autoriſé le Conſeil de la guerre à faire exécuter cette année.

Ce Chapitre ſera rempli lors de la rédaction du Code, & il preſcrira non-ſeulement tout ce qui a rapport à la tenue des Officiers, bas Officiers, Caporaux & Soldats, mais auſſi la forme des ſoins, des méthodes & des inſpections qui doivent l'établir & la ſurveiller; l'intention de Sa Majeſté étant que la tenue ſoit, dans tous ſes régimens d'Infanterie de chaque eſpèce, de la plus exacte uniformité, & que dans tous, elle ſoit ſimple, régulière, jamais onéreuſe aux Troupes, & toujours analogue aux idées de guerre qu'Elle veut qu'on ne perde pas de vue dans la fixation de tous les détails qui composeront ce Titre.

# TITRE VIII.

## *Des diverſes règles de Police générale des Corps.*

L'INTENTION de Sa Majeſté a été, de fixer par le préſent Titre, différens détails de police & de diſcipline générale, deſquels, quelques-uns ſont épars dans les anciennes Ordonnances, mais dont le plus grand nombre n'a pas été prévu, & qu'Elle entend ſoumettre, ainſi que tout ce qui concerne ſon armée, à une règle préciſe & uniforme.

TITRE VIII.

## *Visites & repas de Corps.*

### ARTICLE PREMIER.

*Visites de Corps.*

LES visites de Corps que les régimens ou bataillons feront à tout Commandant de Province ou de Place, & Officier général ayant des lettres de service, ainsi qu'à toute personne à laquelle il sera dû des honneurs, d'après l'Ordonnance, ou conformément à une décision particulière, devant être regardées comme un devoir militaire, elles seront en grande tenue, comme si les Officiers devoient paroître sous les armes.

Toutes les autres visites de Corps, faites, soit à des Officiers généraux non employés, auxquels il en sera toujours rendu, soit à telles autres personnes que ce soit, seront faites, avec la différence expresse, que les Officiers ne seront pas dans l'état de tenue où ils doivent paroître quand ils prennent les armes.

Les Commandans des régimens auront au surplus attention de ne pas prodiguer les visites de Corps de cette dernière espèce, dont les cas n'étant & ne pouvant point être fixés par Sa Majesté, restent à leur disposition, mais qu'un sentiment bien entendu de la dignité du corps d'Officiers qu'ils commandent, doit leur faire restreindre à ce qui est absolument nécessaire ou convenable.

### 2.

*Repas & fêtes de Corps défendus.*

SA MAJESTÉ voulant empêcher les Officiers de son armée de ne se déranger par aucune dépense, soit superflue, soit de luxe, soit étrangère au service, défend expressément tout repas de Corps, fête de Corps & autre réception, faite en commun & avec appareil, soit d'un régiment à un autre, soit aux Chefs des régimens, soit à leurs femmes, soit aux habitans des garnisons ou quartiers, & Elle rend responsables de toute transgression directe ou indirecte de sa volonté à cet égard, les

Commandans des Corps envers les Commandans des provinces & Chefs de divisions, & ceux-ci envers Elle.

3.

*Cas de passage d'un régiment.*

LORSQUE les régimens ou les bataillons d'Infanterie légère, voudront recevoir, soit à leur passage, soit à leur arrivée dans une garnison, les Officiers d'un autre régiment, ils se les partageront dans leurs auberges ou ordinaires; & les Commandans des régimens tiendront la main à ce qu'à cette occasion, il ne soit fait dans les auberges & ordinaires, aucune dépense extraordinaire qui puisse être onéreuse aux Officiers qui les composent.

4.

*Comment traités lorsqu'il y aura plusieurs régimens.*

DANS les garnisons où il se trouvera plusieurs régimens, soit d'une arme, soit de diverses armes, les régimens se partageront entr'eux la réception du régiment arrivant ou passant; ce moyen conciliant à la fois les vues d'économie & l'esprit de fraternité qu'il est desirable d'établir ou de maintenir dans toutes les Troupes de l'armée.

*Rixes, querelles ou batteries.*

5.

*Attention des Chefs des Corps pour prévenir toutes rixes.*

PAR une suite de l'intention dans laquelle est Sa Majesté, que les Commandans des Corps favorisent en tout ce qui dépendra d'eux, le maintien ou l'établissement de cet esprit, Sa Majesté entend qu'ils mettent tous leurs soins à prévenir ou appaiser promptement tout sujet de querelle, rixe ou batterie qui pourront survenir, soit dans leur régiment, soit entre lui & d'autres régimens, soit enfin avec les habitans.

6.

*Moyens à employer pour les prévenir ou les arrêter.*

ILS prendront à cet effet toutes les mesures que leur mettent dans les mains la discipline & l'autorité, en se concertant à cet égard avec les Commandans des Places, ou en prenant leurs ordres, ainſi que ceux des Officiers généraux diviſionnaires, ſuivant l'exigence du cas.

Ces moyens peuvent être, de multiplier les exercices, les appels, les patrouilles; de conſigner, ſoit dans la Place, ſoit dans le quartier; de défendre l'entrée dans les cabarets qui ont pu donner lieu à la querelle, de punir les bas Officiers ou Soldats contrevenans, ſoit agreſſeurs, ſoit agreſſés, ſoit témoins, chacun en proportion du cas; mais le moyen le plus efficace eſt celui de s'en prendre aux Capitaines-commandans ou aux Commandans des compagnies, ceux-ci devant, à leur tour, avoir leur recours ſur les Officiers qui y ſont attachés, & de finir par les mettre de ſervice & de police continuelle au quartier; car, dans ce genre, tout ſe prévient ou s'appaiſe bientôt par l'aſſiduité de chaque grade à ſes fonctions, & par la ſtricte vigilance qui en eſt la ſuite.

7.

*Rixes & querelles entre différens régimens.*

LORSQUE des rixes, querelles & batteries s'élèveront d'un régiment à l'autre, les Commandans des régimens ſe concerteront entr'eux pour les appaiſer; les mêmes moyens devant être alors pris dans les deux régimens, & les conventions réciproques faites à cet égard, exactement maintenues. C'eſt alors, & en cela, que doivent intervenir l'autorité & la ſurveillance des Commandans des provinces, Commandans des Places & Chefs de diviſions, ainſi qu'il ſera dit plus amplement dans l'Ordonnance du ſervice des Places, celle-ci ne traitant que de ce qui a rapport à un régiment.

8.

*Les Commandans des Corps en répondront.*

ENFIN la prolongation des querelles & batteries dans un régiment, ou entre pluſieurs régimens, ne pouvant jamais être que la ſuite de la mauvaiſe diſcipline quand on n'y remédie pas promptement, Sa Majeſté en rendra toujours reſponſables les Colonels de ſes régimens & les Lieutenans-colonels de ſes bataillons d'Infanterie légère, & les

& les fera, dans ce cas, rejoindre leur régiment s'ils sont absens, ou les punira plus sévèrement, suivant les circonstances.

9.

*Rixes & querelles avec les habitans.*

ELLE en usera de même à leur égard, quand le régiment aura des rixes ou querelles, soit d'éclat, soit prolongées avec les habitans, Sa Majesté n'entendant expressément qu'aucun régiment ne se porte, ni en tout ni en partie, à opprimer, maltraiter ou à molester les habitans de sa garnison ou de son quartier, de quelque manière que ce puisse être; & Sa Majesté regardant comme une faute très-grave toute espèce de violence ou de désordre dans ce genre.

*Tables des Officiers.*

10.

*Règles établies pour les tables des Officiers.*

SA MAJESTÉ ayant, par son Ordonnance générale d'organisation & d'administration de l'armée, exigé & réglé que les Commandans de ses provinces, Chefs de divisions, Officiers généraux divisionnaires, & Colonels de ses régimens, se restreindroient, chacun dans les proportions de leur état & de leur grade, à une vie simple, économique & militaire, Elle entend que cet exemple soit suivi par les autres Officiers supérieurs & particuliers de ses régimens, & Elle a fixé en conséquence les règles ci-après prescrites, en rendant lesdits Commandans, Chefs de divisions, Officiers généraux divisionnaires & Commandans des régimens, responsables de leur stricte exécution.

11.

*Tables des Colonels.*

LES Colonels des régimens ne pourront avoir à leur table plus de dix plats, en un ou deux services, non compris le potage; & cette règle ne pourra être éludée, soit au moyen des plats à compartimens, contenant plusieurs espèces de mets, soit sous le prétexte qu'ils vivroient réunis avec d'autres Colonels ou Officiers supérieurs, ou que leurs femmes viendroient tenir leur maison.

12.

*Les Colonels pourront vivre avec les autres Officiers supérieurs.*

DANS aucun cas, les Colonels ne pourront vivre, soit à l'auberge, soit à l'ordinaire, avec les Capitaines de leur régiment; mais il leur sera permis, s'ils le jugent à propos, de se réunir avec les Officiers supérieurs.

13.

*Tables des Colonels à la suite, & des Majors en second.*

LES Colonels attachés, dans les régimens où il y en a, & les Majors en second qui vivront chez eux, ne pourront avoir plus de six plats, non compris le potage, & ils ne pourront pas en faire servir davantage à leur table, même en se réunissant.

14.

*Tables des Officiers particuliers.*

LES Commandans des régimens tiendront la main à ce que la table des Officiers, soit qu'ils soient à l'auberge ou à l'ordinaire, soit servie d'une manière simple & militaire, & à ce qu'aucune, quelque nombreuse qu'elle soit, ne soit servie de plus de dix plats, en un ou deux services.

Ils tiendront également la main à ce que le prix des auberges ou ordinaires soit en proportion des appointemens de ceux qui les composent; ils auront sur-tout cette attention pour les auberges des Lieutenans & Sous-lieutenans, & s'assureront que ceux qui vivent à l'auberge, payent régulièrement leurs aubergistes tous les mois, afin de prévenir par-là les occasions de dérangement.

Les Colonels & Commandans des régimens & des bataillons, auront par conséquent le droit de connoître la composition des auberges & ordinaires, de la manière dont les tables y sont servies, de ce qu'elles coûtent par mois, & de l'exactitude des payemens; ils veilleront aussi à ce que les Sous-lieutenans nouvellement pourvus, entrent dans les ordinaires ou auberges les plus proportionnées à leurs facultés, & où ils peuvent recevoir les meilleurs exemples; enfin ils chargeront spécialement les

Lieutenans-colonels de la surveillance de tout ce qui a rapport à cet article.

15.

*Salles d'assemblées.*

LES Colonels & Officiers supérieurs des régimens, feront tout ce qui dépendra d'eux pour abolir parmi les Officiers, la fréquentation des Cafés, & pour y substituer, soit chez eux, soit ailleurs, des salles d'assemblées ou de simples jeux de commerce, des papiers publics, des livres d'une bonne espèce, & particulièrement des livres militaires qui puissent procurer aux Officiers un point de réunion, à la fois décent & utile; Sa Majesté n'ordonnant rien sur cet objet, qui est plutôt du ressort de la persuasion que de celui de l'autorité, mais Elle saura gré aux Colonels qui feront cet excellent établissement dans leur régiment, & aux régimens qui auront le bon esprit d'entrer dans leurs vues à cet égard.

16.

*Défense aux Cadets gentils-hommes & aux Sous-lieutenans d'entrer au Café.*

VEUT Sa Majesté, qu'en attendant, aucun Cadet-gentilhomme ou Sous-lieutenant, soit surnuméraire, soit de remplacement, soit en pied, ne puisse entrer dans aucun Café de la garnison, pendant les deux premières années qu'il passera au Corps, d'abord parce que ce temps doit être consacré à son instruction, & ensuite parce que l'habitude des premières années influe sur le reste de la vie.

*Jeux de hasard & autres.*

17.

*Jeux de hasard défendus.*

LES Commandans & tous les Officiers supérieurs des régimens & des bataillons de Chasseurs, empêcheront & donneront eux-mêmes l'exemple, de ne jouer à aucun jeu de hasard, même des sommes légères, & ils ne pourront & ne laisseront jouer de grosses sommes à aucun autre jeu, quel qu'il soit; ils ne souffriront de même pas, qu'aucun Officier joue sur billets ou sur sa parole.

18.

*Lieux & sociétés de jeu défendus.*

ILS prendront des informations sur les lieux de jeu & sociétés particulières où il seroit joué des jeux défendus, ou de trop grosses sommes à des jeux permis; & dans le cas où les Officiers y prendroient part, ils en donneront avis au Commandant de la Place; & si les régimens ou bataillons d'Infanterie légère ne sont pas dans des villes où il y ait un Commandant, ce sera au Commandant de la province, pour qu'il y soit remédié.

19.

*Punitions des Officiers qui joueront à des jeux de hasard.*

TOUT Officier d'un régiment, de quelque grade qu'il soit, qui jouera dans la garnison, soit à des jeux de hasard, soit de grosses sommes à d'autres jeux quelconques, soit sur des billets ou sur sa parole, sera mis en prison pour trois mois, ou par le Commandant du régiment, ou par celui de la Place, ou par celui de la province, selon que la connoissance du délit sera parvenue à l'un ou à l'autre, & il en sera rendu compte au Secrétaire d'État ayant le département de la guerre, & au Commandant de la province, si ce n'est pas ce dernier qui ait ordonné la punition; en cas de récidive, il y sera mis pour six mois; & enfin à la troisième fois, le Secrétaire d'État de la guerre prendra les ordres de Sa Majesté pour une punition plus grave, suivant l'exigence du cas.

20.

*Défense expresse aux bas Officiers & Soldats de jouer de l'argent.*

LES bas Officiers, Caporaux & Soldats, ne joueront jamais de l'argent entr'eux, & les Commandans des compagnies & Colonels des régimens y tiendront sévèrement la main.

Tout bas Officier qui jouera, soit avec les Caporaux, soit avec les Soldats, & tout Caporal qui jouera avec ces derniers, sera doublement puni, sa faute étant alors à la fois contre l'ordre donné & contre la discipline, que cette familiarité ne peut manquer de compromettre.

Dettes

21.

*Défense aux Officiers d'acheter à crédit.*

SA MAJESTÉ voulant empêcher les Officiers de ses Troupes, de contracter des dettes, & conserver ainsi à sa destination naturelle, le traitement qu'Elle leur accorde pour s'entretenir à son service, Elle leur défend très-expressément d'acheter aucune chose à crédit, & de contracter aucun engagement pour dettes, en ce qui ne sera pas relatif à leurs affaires de famille ou de propriété personnelle, sans l'aveu & consentement par écrit du Commandant de leur régiment.

22.

*Retenues autorisées sur les appointemens.*

VEUT Sa Majesté qu'il ne soit payé, par retenue sur les appointemens des Officiers, que les dettes qui seront autorisées en la manière énoncée dans l'article précédent, & qui auront seulement pour objet leur subsistance, leur habillement, équipement, & les fournitures relatives, soit à leur état, soit à leur service.

23.

*Dettes des Officiers, comment payées.*

LES dettes ci-dessus ne seront payées par la caisse des régimens, sur la retenue faite à l'Officier débiteur, qu'après que les titres, mémoires arrêtés ou billets qui les constateront, auront été visés par le Commandant du régiment, lequel inscrira en marge ou au dos desdites pièces justificatives, les termes & délais qui auront été fixés pour le payement.

Les créanciers propriétaires desdits titres, mémoires arrêtés ou billets, seront en conséquence tenus de les présenter au Commandant du régiment, deux mois au plus tard, à compter de leur date, & après ce terme, ils ne seront point admis à réclamer leur payement sur les appointemens de leurs débiteurs, sauf à eux à se pourvoir par les voies de droit ou de justice contre ces derniers, & sur leurs biens, ainsi qu'ils aviseront bon être.

24.

*Dettes des bas Officiers.*

IL en sera usé de même, à plus forte raison, pour les bas Officiers, à l'égard des créances, mémoires ou billets qu'ils pourroient faire, ainsi qu'il a été dit dans les articles précédens, pour les Officiers. Les bourgeois ou habitans envers qui ils auront contracté des dettes ou engagemens, sans l'approbation du Commandant de leur compagnie, ou du Commandant du régiment, ou du Conseil d'administration, ne pourront avoir aucun recours sur la solde desdits bas Officiers; & les bas Officiers qui auront contracté ces dettes ou engagemens, seront plus ou moins sévèrement punis, suivant l'exigence du cas.

25.

*Dettes des Caporaux & Soldats.*

QUANT aux Caporaux & Soldats, ils ne pourront, sous tel prétexte que ce soit, contracter aucune espèce d'emprunt, dette ou billet, soit entr'eux, soit envers les habitans, à moins que ces créances ne soient approuvées par le Commandant de leur compagnie, qui, dans ce cas, les signera & en deviendra responsable; hors cette exception, toute créance contractée par les Caporaux & Soldats, demeurera nulle; & lesdits Caporaux & Soldats seront punis plus ou moins sévèrement, suivant l'exigence du cas.

26.

*Les habitans prévenus des dispositions ci-dessus.*

POUR que les habitans ne soient pas exposés, à contribuer par des vues de facilité ou d'intérêt, au dérangement des Troupes de Sa Majesté, ni à perdre leur créance, les articles ci-dessus leur seront notifiés à l'arrivée de chaque troupe dans la garnison ou dans le quartier, dans la forme prescrite par l'Ordonnance du service des Places.

27.

*Défense de vendre, acheter*

LA même Ordonnance entrera dans le détail des

défenses qui seront faites aux bas Officiers & Soldats, de vendre ou de troquer aucun de leurs effets d'armement, habillement & équipement, ainsi qu'aux habitans de les acheter ou recéler, & dans celui des peines ordonnées, tant contre les vendeurs ou troqueurs, que contre les acheteurs ou recéleurs.



*ou troquer les effets des Soldats.*

*Mariages des Officiers, bas Officiers & Soldats.*

28.

*Défense à tout Officier de se marier sans permission.*

TOUT Officier, de quelque grade qu'il soit, étant en activité au service, à l'exception de ceux mentionnés en *l'article 33*, ne pourra se marier sans la permission de Sa Majesté.

29.

*Mémoire pour la demander.*

TOUT Officier attaché à un régiment, & qui voudra se marier, sera tenu d'en demander la permission au Colonel, ou au Lieutenant-colonel des bataillons d'Infanterie légère, par un mémoire dans la forme analogue à celle prescrite pour toute espèce de demande de grâce.

30.

*Renseignemens à joindre au mémoire de demande.*

LES Officiers qui demanderont la permission de se marier, seront obligés de joindre à leur mémoire de demande, le consentement de leurs parens, s'ils sont encore dans le cas d'en dépendre, ainsi que des renseignemens sur les noms, qualités & demeure de la personne qu'ils doivent épouser, pour fonder les informations que le Colonel du régiment ou le Lieutenant-colonel des bataillons d'Infanterie légère sera obligé de prendre.

31.

*Compte à rendre par le Colonel.*

LES Colonels des régimens & les Lieutenans-colonels des bataillons d'Infanterie-légère, seront tenus de prendre par eux-mêmes des informations, avant d'approuver le mémoire; & si le résultat de ces informations constatoit que le mariage que l'Officier desireroit de contracter, fût indécent, & propre à nuire à la considération de cet Officier, ou à le jeter dans un dérangement qui feroit tort au service, les Colonels des régimens ou les Lieutenans-colonels des bataillons d'Infanterie-légère, feront connoître, par leurs notes, les raisons qu'il y a pour s'y opposer, & les feront ainsi passer directement au Secrétaire d'État de la guerre, lequel en rendra compte à Sa Majesté, & fera connoître tout de suite l'approbation ou le refus de Sa Majesté.

32.

*Punition de l'Officier qui se fera marié sans permission.*

TOUT Officier qui contractera un mariage sans la permission de Sa Majesté, sera mis un an en prison, même quand son mariage seroit sortable, & puni plus sévèrement s'il ne l'étoit pas.

33.

*Mariages des Quartiers-maîtres, Porte-drapeaux & Chirurgiens-majors.*

LES Quartiers-maîtres, Porte-drapeaux & les Chirurgiens-majors, ne pourront également se marier sans en avoir obtenu directement la permission du Colonel de leur régiment.

S'ils manquent à cette règle, ils seront destitués de leur emploi, sur la demande du Colonel.

34.

*Défense à tout bas Officier & Soldat de se marier sans permission.*

AUCUN bas Officier, Caporal ou Soldat, ou autre homme engagé dans un régiment, ne pourra se marier, soit dans la garnison, soit hors de la garnison, ou détaché, ou en congé, sans une permission par écrit du Commandant de sa compagnie, visée par le Colonel du régiment ou le Lieutenant-colonel des bataillons d'Infanterie légère, & scellée du cachet du régiment, pour éviter toute contrefaction de ladite permission; le modèle de cette permission est annexé à la présente Ordonnance, sous le *n.*° *1.*er

Les Commandans des compagnies ou bataillons détachés

chés d'un régiment, ne pourront accorder de pareilles permiſſions; ce droit appartiendra au Colonel ſeulement & au Lieutenant-colonel des bataillons d'Infanterie légère.

35.

*Punition en cas de contravention.*

TOUT bas Officier, Caporal ou Soldat, &c. qui ſe mariera ſans ladite permiſſion, ſera caſſé, s'il eſt bas Officier ou Caporal; & ſoit qu'il ſoit ou bas Officier, Caporal ou Soldat, il ne comptera plus pour ſon engagement ou rengagement, que du jour de ſon mariage, ainſi que s'il étoit engagé ou rengagé du même jour; s'il étoit au rengagement annuel, il ſeroit privé de recevoir, chaque année, le montant fixé pour ſon rengagement, juſqu'à ce qu'il fût admis à prendre ſa retraite, ou qu'il prît ſon congé abſolu, s'il préféroit de renoncer au prix de ſes ſervices.

36.

*Permiſſions de mariage des bas Officiers & Soldats, comment demandées.*

LES permiſſions de mariage, pour les bas Officiers, Caporaux & Soldats, &c. ſeront demandées dans la forme preſcrite pour les autres demandes. Le Capitaine-commandant de la compagnie s'aſſurera, avant de la faire au Major en ſecond, & dans les bataillons de Chaſſeurs, avant de la faire au Major, ſi le bas Officier, Caporal ou Soldat améliorera ſon état en contractant ſon mariage, ou ſi au moins la femme qu'il deſire d'épouſer, peut être utile au régiment, ſoit comme Blanchiſſeuſe ou Couturière, ſoit par quelqu'autre métier néceſſaire à la Troupe.

37.

*Attentions à avoir dans les permiſſions à accorder.*

SI le bas Officier ou Soldat qui demande à ſe marier, eſt un ſujet propre à être avancé, & ſur-tout à devenir Officier avec le temps, on ſera plus difficile ſur le choix qu'il aura fait, afin que ſon mariage ne puiſſe pas un jour être un obſtacle à ſon avancement.

On aura principalement attention aux mariages des

Adjudans; leur position les destinant plus particulièrement à devenir Officiers.

## 38.

*Nombre d'hommes mariés, toléré par régiment.*

Sa Majesté ne fixe rien de précis sur le nombre d'hommes mariés qui pourront être tolérés par régiment, ayant leur femme à leur suite; Elle s'en remet sur cela à la prudence des Commandans des régimens & des bataillons de Chasseurs, qui doivent balancer, à cet égard, ce qu'il peut en résulter d'embarras ou d'utilité.

Ils pourront accorder quelquefois des permissions semblables, à condition que les femmes ne joindront pas le régiment; mais pour que cette condition soit exactement remplie, les Colonels ou les Lieutenans-colonels des bataillons d'Infanterie légère, s'assureront, par des certificats des Curés & Officiers municipaux du lieu, que les femmes que ces permissions concernent, ont de quoi se nourrir & élever leurs enfans, sans avoir besoin des secours de leur mari, & qu'elles s'engagent en conséquence formellement à ne venir s'établir au régiment, que dans le cas où la permission leur en seroit donnée.

## 39.

*Mariages des Soldats, favorisés.*

Au reste, Sa Majesté étant dans l'intention de fixer, ou tout au moins de prolonger la permanence des régimens dans leurs garnisons ou quartiers, il entre dans ses vues de favoriser par la suite le mariage des Soldats, en aidant à la subsistance des enfans, & Elle fera connoître dans le temps ses intentions à cet égard.

## 40.

*Mariages dans les régimens étrangers.*

A l'égard des régimens Étrangers, non-seulement Sa Majesté ne fixe rien pour le nombre de permissions de mariage, mais Elle engage les Commandans de ces régimens à les multiplier, toutes les fois que les Soldats auront des métiers, & épouseront des sujettes du Roi, ce qui les attachera davantage à la France, en les faisant citoyens.

41.

*Célébration des mariages.*

L'INTENTION de Sa Majesté est au surplus, que les Officiers, bas Officiers & Soldats de ses Troupes, observent, soit avant, soit pour la célébration de leur mariage, tout ce qui est prescrit par les règles de l'Église & les Ordonnances de son royaume.

*École d'instruction pour les Soldats.*

42.

*École à former pour les Soldats.*

PENDANT l'hiver, à commencer de l'époque du départ des semestriers, jusqu'à leur retour, il sera établi dans chaque régiment & bataillon de Chasseurs, une École, dans laquelle on enseignera aux Soldats à lire, à écrire & l'arithmétique.

Cette École aura, à la fois, pour objet, d'occuper ceux des Soldats qui auront des dispositions, & de former par-là des sujets propres à devenir bas Officiers.

Les bas Officiers seront aussi admis à ces Écoles, pour s'y perfectionner.

43.

*Choix à faire des Maîtres pour tenir l'École.*

LE Commandant du Corps choisira parmi les bas Officiers ou Caporaux les plus instruits, deux Maîtres pour tenir l'école & pour y enseigner.

44.

*L'École, où placée.*

LA salle sera établie dans une chambre des casernes, suffisamment éclairée & spacieuse, elle sera garnie de tables & de bancs, pris dans l'excédant de ceux du régiment; pendant l'hiver il y sera placé un poêle, lequel sera chauffé sur le produit du chauffage de l'incomplet.

45.

*Bas Officiers*

LES bas Officiers, Caporaux & Soldats, sur-tout ceux

*& Soldats engagés à y aller.*

qui seront notés pour être avancés, seront engagés d'aller à cette École, ainsi que les enfans du Corps.

Les Élèves se fourniront tout ce qui leur sera nécessaire en papier, plumes & encre.

## 46.

*Exemption & traitement des Maîtres.*

LES Maîtres seront exempts de service pendant la saison de l'École; il leur sera donné en outre une gratification sur la masse générale, suivant la satisfaction qu'on aura de leur travail, & des progrès de l'instruction qu'ils auront donnée.

## 47.

*Heures fixées pour les différens grades.*

LES bas Officiers auront des heures fixées pour prendre leçon, de manière à n'être point confondus avec les Caporaux & Soldats. Le Commandant du Corps fixera les heures où la classe se tiendra pour les uns & pour les autres.

## 48.

*Officier chargé de la police de l'École.*

IL y aura un Porte-drapeau, ou Lieutenant de Grenadier, chargé de la police de l'École, laquelle aura lieu, & autant qu'il se pourra, tous les jours de la semaine, excepté les Samedis, les Dimanches & les Fêtes.

## 49.

*Visites de la salle d'écriture.*

LE Capitaine de police visitera la salle d'écriture tous les jours; le Commandant du Corps la visitera aussi de temps en temps, pour animer l'émulation.

## 50.

*État nominatif des Élèves.*

IL sera formé un état des Élèves, lequel sera attaché au lieu le plus apparent de la salle; les Écoliers y seront désignés suivant les heures des classes, avec la date de leur entrée à l'École, & les espèces de leçons; cet état sera conforme au modèle *n.° 2*.

51. LE

51.

*Salles d'escrime & de danse.*

LE Commandant du Corps pourra aussi favoriser, pendant l'hiver, l'établissement d'une salle d'escrime & de danse, pourvu qu'elle soit toujours dans l'enceinte du quartier, & soumise à la vigilance de l'Adjudant ou d'un bas Officier; ces exercices étant à la fois propres à augmenter la force, l'adresse & la grâce militaire du Soldat.

52.

*Jeux à établir à portée du quartier.*

LES Commandans ne négligeront pas aussi d'établir de même, soit dans l'enceinte du quartier, soit à portée des terrains destinés aux jardins des compagnies, des jeux qui puissent dissiper le Soldat, & ils y prendront quelquefois intérêt par leur présence.

53.

*École de natation.*

QUAND il y aura des rivières à portée des quartiers, où on puisse apprendre à nager sans danger, les Commandans des régimens établiront & encourageront cette École, dont le but & le fruit peuvent être utiles à la guerre.

# TITRE IX.

## *Des Distributions.*

### ARTICLE PREMIER.

*Fonctions du Quartier-maître.*

LE Quartier-maître-trésorier étant chargé de toutes les distributions, il tiendra les registres & états en conséquence, ainsi qu'il est dit dans l'Ordonnance d'administration intérieure des régimens, il fournira des reçus de chaque objet qu'il recevra, il veillera, pendant la distribution, à ce que l'ordre & la police y soient maintenus, & à cet effet il emploîra les bas Officiers qui y seront venus pour la recevoir.

2.

*Par qui remplacé.*

En l'absence du Quartier-maître, il sera remplacé dans cette fonction par un Adjudant, ou Porte-drapeau, suivant l'ordre du Commandant du régiment ou du bataillon.

3.

*Prêt.*

Le prêt se délivrera ainsi qu'il est prescrit dans l'Ordonnance d'Administration.

4.

*Comment conduits au pain.*

Il en sera de même de la distribution du pain.

On fera cette distribution en règle, & à un signal donné par le Tambour de police.

Le Fourrier de chaque compagnie, & à son défaut, un autre bas Officier assemblera alors un homme par ordinaire, en sarrau, pantalon & bonnet de police.

Le Quartier-maître les réunira sur trois rangs, placera les Fourriers sur les flancs & vis-à-vis leur compagnie, pour les faire marcher en ordre, commandera *à droite, MARCHE,* & il se mettra à leur tête jusqu'au lieu de la distribution.

5.

*Distribution du pain.*

Le Quartier-maître entrera dans la boulangerie pour examiner la qualité du pain, & en vérifier le poids; il appellera la première compagnie, & fera commencer la distribution. Chaque Fourrier sera en dehors du magasin; il remettra au Quartier-maître l'état signé de son Capitaine, pour la quantité de pain qu'il devra recevoir.

6.

*Comment ramenés au quartier.*

Aussitôt que la distribution d'une compagnie sera faite, le Fourrier ramènera ensemble au quartier, les hommes qui en seront chargés.

7.

*Comptes de la distribution à rendre par le Quartier-maître.*

APRÈS la distribution, le Quartier-maître rendra compte par écrit, au Commandant du Corps, de la qualité & de la quantité de pains fournis, & de ce qui aura pu se passer de nouveau à la distribution.

Le Quartier-maître portera en même temps au Commandant du régiment, un demi-pain, pour qu'il puisse juger par lui-même de sa qualité.

8.

*Autres distributions.*

ON observera dans les autres distributions, soit de fourniture de lits, soit de paille, bois, chandelle, tabac, sel, &c. le même ordre & la même règle que celle des distributions ci-dessus.

9.

*Distributions en route.*

LORSQUE les régimens voyageront par étape, les distributions, précautions ou règles qui y seront relatives, auront lieu, ainsi qu'il sera dit dans le Règlement que Sa Majesté se propose de rendre concernant *les marches des régimens dans le Royaume, les fournitures, soit par étapes, soit par les soins des régimens, ainsi que sur la police & discipline des Troupes, pendant lesdites marches.*

10.

*Distributions dans les camps.*

LA distribution, soit dans les camps, soit en campagne, se fera conformément à ce qui sera prescrit dans l'Ordonnance du service dans les camps & à la guerre.

---

# TITRE X.

## *Des Travailleurs.*

### ARTICLE PREMIER.

*Règles établies pour les permissions de travail.*

LA ressource des Travailleurs étant avantageuse aux régimens d'Infanterie, tant pour l'entretien que pour l'aiſance du Soldat, les Commandans des régimens tâcheront à s'en procurer & à les favoriſer, ſans que cela tourne au détriment de l'inſtruction & de la diſcipline, & pour cet effet ils obſerveront avec ſoin les règles ſuivantes.

2.

*À qui accordées.*

IL ne ſera accordé aucune permiſſion de travailler, qu'à des hommes admis à la première claſſe.

3.

*Comment demandées.*

CES permiſſions ſeront demandées par les Commandans des compagnies aux Majors en ſecond, & dans les bataillons d'Infanterie légère, au Major; qui, après avoir examiné ſi elles peuvent être accordées, ſoit d'après la ſituation des compagnies, ſoit d'après la règle ci-deſſus établie, & celles qui ſeront ajoutées ci-après, les fera approuver par le Commandant du régiment ou du bataillon.

Ces permiſſions ſeront conformes au modèle, *n.° 3*, annexé à la préſente Ordonnance.

4.

*Les Capitaines s'aſſureront du gain des Travailleurs.*

AVANT de les propoſer, le Commandant de la compagnie s'aſſurera, de ce que leſdits Travailleurs devront gagner, & après l'avoir fait vérifier chez les maîtres Ouvriers ou autres perſonnes qui les emploient, il calculera, ſi, en prélevant l'argent qu'ils doivent payer pour leur ſervice & la conſommation des effets qu'ils doivent uſer au travail, il y a de l'avantage à leur permettre de travailler; les Commandans des compagnies conſtateront cette précaution, & en ſeront reſponſables aux Commandans des régimens.

5.

*Regiſtre des Travailleurs.*

AFIN que l'État-major du régiment puiſſe vérifier en tout temps, ſi le produit de l'argent des Travailleurs, ainſi

ainſi que de leur ſervice, eſt employé avec ſoin par les Commandans des compagnies, à l'entretien du Soldat, il ne ſera jamais accordé aucune permiſſion de Travailleur, qu'elle ne ſoit enregiſtrée chez l'Officier chargé du détail des Maſſes, conformément à l'*art. 5* du *titre VII* de l'Ordonnance d'adminiſtration.

Le Commandant du régiment ſe fera repréſenter ce regiſtre régulièrement à la fin de chaque mois, & s'aſſurera par les bordereaux des Capitaines de l'emploi qu'ils auront fait de l'argent des Travailleurs & de leur ſervice; il fera mettre en règle, & punira, ſuivant l'exigence du cas, les Commandans des compagnies dans leſquelles cet argent n'auroit pas été employé avec ſoin.

6.

*Retenues faites aux Travailleurs.*

LES retenues faites aux Travailleurs, ſoit pour leur ſervice, ſoit pour dédommagement des ordinaires, quand ils n'y mangeront pas, ſoit au bénéfice de la maſſe de compagnie, auront lieu, ainſi qu'il eſt preſcrit dans l'Ordonnance de l'adminiſtration intérieure des régimens pour les ſervices & la maſſe de compagnie; & au Titre du préſent Règlement, pour le dédommagement des ordinaires.

7.

*Travailleurs ſoumis à la ſurveillance journalière.*

ON ne donnera jamais de permiſſion de travailler, que dans les villes ou quartiers qu'occupera le régiment, ou très à portée, de manière que les Travailleurs puiſſent être ſoumis à la ſurveillance journalière des Officiers & bas Officiers de leurs compagnies, & qu'ils puiſſent être réunis à l'inſtruction, les Dimanches & Fêtes, aux heures & de la manière que preſcrira le Commandant du régiment, & inſpectés en même temps pour tout ce qui a rapport à leurs habillement, armement & équipement.

8.

*Les Commandans des Corps*

CE ſera au ſurplus aux Commandans des régimens à fixer le nombre des Travailleurs qu'ils jugeront à propos *règleront le nombre de Travailleurs.*

d'accorder ; ce nombre dépendant des faisons, des circonstances, de la position des régimens & de leur degré d'instruction, Sa Majesté ne leur fixe rien à cet égard.

9.

*Défense aux Officiers d'employer les Soldats à leur service personnel.*

LES Officiers n'emploîront habituellement aucun Soldat pour leur service personnel.

10.

*Nature des travaux à leur permettre.*

ON ne souffrira jamais que les Soldats soient employés à aucun travail vil & qui pourroit dégrader leur profession, mais tout ce qui sera corvée militaire ou travaux pour le Roi, ne pourra jamais être reputé ainsi.

11.

*Les bas Officiers pourront prendre un Soldat pour faire leur ordinaire.*

LES bas Officiers de chaque compagnie, pourront, conformément à ce qui est dit au *Titre IV*, prendre un Soldat pour faire leur ordinaire, en le payant, conformément à ce qui est prescrit pour les autres Travailleurs, c'est-à-dire, de manière que ce salaire suffise au payement de son service & au remplacement des effets qu'il usera. Ils s'adresseront, pour cet effet, au Capitaine-commandant, qui veillera à ce qu'on y affecte, en le changeant de temps en temps, un des Soldats les moins propres au service, ou, par préférence, un enfant de Soldat s'il peut suffire, avec le consentement du père & de la mère quand ils seront au Corps.

12.

*Travailleurs du régiment.*

LES Travailleurs employés aux ateliers du régiment, payeront leur service au moyen du salaire qui leur sera fixé, ainsi qu'il a été réglé par les *Titres IV & V* de l'Ordonnance d'administration.

13.

*Payement des services.*

LES services se payeront conformément à ce qui est réglé par le *Titre VI* de l'Ordonnance d'administration, ſoit par mois, ſoit au prorata du nombre de jours qu'ils auront duré.

14.

*Travailleurs dans le cas d'aller aux travaux avant l'appel du matin.*

S'IL y a des Travailleurs qui ſoient dans le cas d'aller à leurs travaux avant l'heure de l'appel du matin, ils ſeront munis d'un billet ſigné de l'Officier de leur ſubdiviſion, & approuvé par le Commandant de la compagnie : ce billet ſera conforme au modèle *n.° 4*, annexé à la préſente Ordonnance.

15.

*Travailleurs diſpenſés de l'appel du ſoir.*

LES Travailleurs qui auront obtenu des permiſſions pour veiller, ſeront diſpenſés de ſe trouver à l'appel du ſoir; ces permiſſions ſeront conformes au modèle *n.° 5*.

16.

*Travailleurs tenus de rentrer pour coucher.*

AUCUN Travailleur ne pourra ſe diſpenſer de ſe rendre tous les jours au quartier, à l'heure de la retraite, & d'y coucher, à moins d'une permiſſion par écrit du Commandant de ſon Corps, & viſée du Commandant de la Place, cette permiſſion ſera dans la forme du *n.° 6*.

Les Travailleurs qui auront obtenu des permiſſions de découcher, ſeront obligés de ſe trouver à leurs compagnies à l'appel du ſoir, toutes les veilles de Fêtes & de Dimanches, pour être, ainſi qu'il eſt dit à l'*article 7*, inſpectés & exercés le lendemain. Cette condition ſera toujours énoncée ſur leur permiſſion.

17.

*Permiſſions de travail au-dehors.*

LES permiſſions de travailler à la campagne, hors des villes, & celles pour ne rentrer au quartier qu'après la retraite, ou tous les ſamedis, ne ſe donneront qu'à des hommes dont la conduite aura été éprouvée.

Les Travailleurs à la campagne remettront leur billet

au Sergent de garde à la porte, & le reprendront le soir en rentrant.

Lorsqu'un régiment sera dans un quartier où il n'y aura pas de garde aux portes, les Travailleurs au-dehors remettront ce billet au bas Officier ou Caporal de garde de police au quartier, & le reprendront de même le soir en rentrant.

18.

*Entretien des armes & de la buffleterie des Travailleurs.*

LES armes des Travailleurs, ainsi que leur buffleterie, seront entretenues par ceux qui font leur service.

19.

*Habillement des Travailleurs.*

TOUS les hommes qui ont des métiers dont ils travaillent habituellement, auront une veste ou sarrau de travail, soit de drap, de tricot ou de toile, avec un parement de drap de la couleur distinctive du régiment, des boutons à son numéro, & le colet d'une autre couleur affectée aux Travailleurs du régiment ou du bataillon de Chasseurs, de manière que leurs effets d'habillement restent à la chambre, & ne leur servent que quand ils prendront les armes, ou s'assembleront avec la compagnie; en conséquence, on fera, sur l'argent de leur travail, les retenues nécessaires pour les en pourvoir.

20.

*Habillement des Perruquiers.*

LES Perruquiers pourront être en habits ou vestes & chapeaux de poudre, pourvu qu'ils aient sur leurs habits ou vestes, la distinction du régiment; mais l'après-midi, ils seront en uniforme exact, comme les autres Soldats, & seront privés de travailler s'ils sont rencontrés autrement.

21.

*Punitions des Travailleurs qui contreviendront au Règlement.*

LES Travailleurs qui manqueront à quelqu'une des règles de police prescrites ci-dessus, seront consignés, le Dimanche suivant, au quartier; & en cas de récidive, soit une, soit plusieurs fois, suivant l'exigence du cas, ils seront privés de travailler.

TITRE XI.

# TITRE XI.

## *Du choix des Appointés, Caporaux & bas Officiers, & de leur réception.*

### ARTICLE PREMIER.

LES places d'Appointés feront toujours données aux plus anciens Soldats, Grenadiers & Chaffeurs de chaque compagnie. *Choix des Appointés.*

On fera reconnoître à l'avenir les Appointés à la tête des compagnies, leur place les destinant à suppléer les Caporaux, & à commander les Soldats, Grenadiers & Chaffeurs; mais dans le cas feulement où ils feront le fervice de Caporal.

### 2.

LES Caporaux feront tirés du nombre des Appointés & Soldats, dans toutes les compagnies du régiment indiftinctement, excepté dans celle où fera la place vacante. *Des Caporaux.*

### 3.

LES Sergens feront tirés de la claffe des Caporaux, dans toutes les compagnies du régiment, indiftinctement. *Des Sergens.*

### 4.

LES Fourriers feront également tirés des Caporaux ou des Sergens de toutes les compagnies du régiment, indiftinctement. *Des Fourriers.*

### 5.

LES Sergens-majors feront choifis parmi les Sergens ou Fourriers de toutes les compagnies du régiment. *Des Sergens-majors.*

## 6.

*Des bas Officiers & Caporaux de Grenadiers & Chasseurs.*

LES bas Officiers & Caporaux des compagnies de Grenadiers & de Chasseurs qui vaqueront, seront choisis à l'avenir parmi ceux du même grade des autres compagnies du régiment, qui mériteront cette distinction par leur zèle, fermeté & intelligence.

Si les bataillons sont séparés, ce choix sera fait dans le bataillon dont les compagnies feront partie.

Et si ces compagnies étoient détachées du régiment, elles feroient les remplacemens des Sergens & Caporaux, seulement dans les sujets notés dans chaque compagnie séparément.

Dans tous les cas, les Sergens-majors qui viendront à vaquer dans ces deux compagnies, seront choisis parmi les autres Sergens-majors du Corps.

## 7.

*Des Adjudans.*

LES Adjudans seront choisis parmi tous les Sergens-majors, Fourriers & Sergens.

## 8.

*Remplacemens à mesure des vacances.*

LE remplacement des Appointés, Caporaux & bas Officiers, se fera, en tout temps, à mesure que les places viendront à vaquer.

## 9.

*État à former des sujets susceptibles d'avancement.*

LES Colonels des régimens & les Lieutenans-colonels des bataillons d'Infanterie légère, tiendront ou feront tenir un état des sujets susceptibles d'avancement, divisé en trois parties.

La première partie sera composée des Soldats ou Appointés notés pour devenir Caporaux.

La seconde, des Caporaux qui seront notés pour devenir Sergens.

La troisième sera composée des Sergens ou Fourriers susceptibles d'être faits Sergens-majors ou Adjudans.

Le modèle de cet état est joint à la présente Ordonnance, sous le *n.° 7*.

10.

*Comment renouvelé.*

CET état sera renouvelé tous les ans au mois de Septembre, avant le départ des Semestriers.

Le Commandant du Corps assemblera chez lui à cet effet, les Officiers supérieurs avec le Commandant de chaque compagnie.

Le Commandant du Corps appellera aussi, pour la rédaction de cet état, l'Instructeur en chef du régiment, & les Officiers chargés des différentes parties de l'administration.

Il y fera venir aussi, s'il le juge à propos, les Adjudans; ceux-ci, par leurs rapports continuels & intimes avec les bas Officiers, Caporaux & Soldats, pouvant fournir des renseignemens sur les sujets proposés ou désignés.

Si le Commandant de la compagnie n'avoit pas passé l'hiver au Corps, on fera venir de plus l'Officier qui aura commandé la compagnie pendant l'hiver, afin qu'aucun témoignage essentiel, ne puisse manquer à la certitude des renseignemens.

En formant le nouvel état, le Commandant aura l'ancien sous les yeux, pour en extraire ceux qui y auront été portés l'année précédente, ou les effacer s'ils ont démérité essentiellement depuis qu'il a été formé.

Lorsqu'un sujet admis sur l'état, aura commis une faute grave, & de l'espèce de celles qui méritent la perte d'un grade, il en sera rayé.

Pour toute autre faute, on pourra suivant l'exigence du cas, le noter, *retardé de six mois ou d'un an.*

11.

*Cet état restera entre les mains du Commandant.*

CET état restera entre les mains du Commandant du

Corps, afin qu'il puisse continuellement veiller & faire veiller sur ceux qui y seront portés, pour constater les qualités & les défauts de chacun d'eux, & connoître par-là les raisons de préférence, de retard ou d'exclusion.

12.

*Nominations aux places vacantes.*

QUAND il vaquera une place de Caporal ou de bas Officier, le Commandant du Corps nommera pour le remplacer, le sujet le mieux noté de l'état, en prenant à mérite égal, celui qui le sera le plus anciennement.

13.

*Qualités exigées pour un Caporal.*

AUCUN Soldat ne pourra être reçu Caporal qu'il ne soit,

1.° De la première classe.

2.° En état d'instruire un homme de recrue.

3.° En état de commander une section.

4.° Instruit sur le service des Places dans les postes, pour ce qui le concerne.

5.° De la meilleure conduite & tenue.

Il sera aussi à desirer qu'il sache lire & écrire.

Il n'en sera à cet effet reçu aucun, qu'il n'ait passé par ces examens, faits par un Adjudant, en présence du Major, lequel en rendra compte & en sera responsable au Commandant du régiment.

14.

*Son instruction perfectionnée.*

SI le sujet, ayant de bonnes qualités, étoit un peu en arrière sur quelque partie d'instruction, sans que cela fût suffisant pour suspendre sa nomination, l'Adjudant seroit chargé de perfectionner son instruction, & sa haute-paye seroit versée à la masse de compagnie, jusqu'à ce qu'il fût instruit de tout point.

15. AVANT

15.

*Qualités exigées pour un Segrent.*

AVANT de faire recevoir un Caporal à une place de Sergent, on s'assurera s'il est parfaitement en état;

1.° D'instruire les Recrues.

2.° De commander un peloton.

3.° S'il possède à fond la théorie du service des places & de campagne qui le concerne.

4.° *Idem* celle de service, de police & de discipline intérieure du régiment.

5.° Et s'il est d'une conduite & d'une tenue exemplaires.

Il sera indispensable qu'il sache lire & écrire.

On tiendra en conséquence, pour l'examen & la réception des Sergens, la même marche que pour celle des Caporaux, en se rendant plus difficile encore; les fonctions de ce grade devenant plus importantes, le Major du régiment, ou un Officier supérieur nommé par le Colonel, assistera à cet examen, pour lui en rendre compte, & en sera responsable.

16.

*Idem pour un Fourrier.*

LES Fourriers seront choisis avec la même attention que les Sergens, & leur examen embrassera en outre les détails de comptabilité dont ils doivent être chargés: à cet effet, ceux qui seront notés pour cet avancement, seront instruits sur cette dernière partie par le Quartier-maître, & surveillés dans cette instruction par l'Officier supérieur que le Colonel en chargera.

17.

*Idem pour un Sergent-major.*

LE choix des Sergens-majors sera fait avec encore plus d'attention, eu égard à leur qualité de premiers bas Officiers des compagnies.

18.

*Qualités exigées pour un Adjudant.*

LES Adjudans étant les premiers bas Officiers du régiment, & pouvant beaucoup influer sur leur instruction, sur leur bon esprit, en même temps que leurs fonctions exigent de l'intelligence, les Commandans des régimens & Officiers supérieurs ne pourront apporter trop d'attention au choix qu'ils feront d'eux, & ils ne devront par conséquent s'en rapporter, pour leur examen, qu'à eux-mêmes, ou à l'Officier supérieur de leur régiment qu'ils jugeront le plus instruit & le plus capable de leur en répondre.

Les examens théoriques & la pratique des fonctions de bas Officier ne suffisant pas même pour s'en bien assurer, ils ne fixeront leur opinion & leur choix qu'après avoir fait faire, pendant un mois au moins, au bas Officier qu'ils ont en vue pour remplir la place d'Adjudant, le service de cet emploi.

19.

*Réception des bas Officiers, &c.*

AUCUN Appointé, Caporal ou bas Officier, ne pourra entrer en fonction sans être, ce premier, reconnu & les autres reçus à la tête de la compagnie à laquelle ils doivent être attachés.

20.

*Ordres donnés pour les réceptions.*

TOUTES les fois qu'un Appointé devra être reconnu, & un Caporal ou bas Officier reçu, le Commandant du régiment en donnera l'ordre, en en prescrivant le jour & l'heure.

21.

*Les Appointés & Caporaux, comment reconnus ou reçus.*

LES Appointés seront reconnus, & les Caporaux reçus, à un des appels qui seront faits hors des chambres, par le Lieutenant de semaine, auquel le Capitaine en donnera l'ordre.

22.

Bas Officiers, comment reçus.

LES bas Officiers seront reçus à l'inspection du Dimanche, ou à la première occasion où la compagnie prendra les armes, & ce sera le Capitaine qui les recevra lui-même.

23.

Formes de leur réception.

CELUI qui devra être reconnu ou reçu, sera toujours armé & en grande tenue : il se placera en avant du centre de la compagnie, à la gauche de celui qui devra le faire reconnoître ou recevoir, faisant face à la troupe. Dans cette position, celui qui devra le faire reconnoître ou recevoir, suivant le grade de celui qui sera reçu, mettra l'épée à la main, & dira à haute voix : *DE PAR LE ROI, Soldats* (si c'est un Caporal qu'on reçoit; & si c'est un Sergent ou Fourrier), *Caporaux & Soldats*, (ou si c'est un Sergent-major), *bas Officiers, Caporaux & Soldats, vous reconnoîtrez le nommé* (un tel), (si c'est un Caporal, Sergent ou Fourrier; & si c'est un Sergent-major) *le sieur* (un tel), *pour Caporal, pour Sergent, pour Fourrier ou pour Sergent-major, & vous lui obéirez en tout ce qu'il vous ordonnera, en cette qualité, pour le service du Roi.*

Si c'est un Appointé qu'on fasse reconnoître, le Lieutenant de semaine substituera à la fin de cette formule : *Vous lui obéirez en tout ce qu'il vous commandera pour le service, quand il remplacera un Caporal dans ses fonctions.*

24.

Réception du Caporal-tambour.

QUAND un Caporal-tambour devra être reçu, il le sera par un Adjudant, à la tête des Tambours, en présence & sous les ordres du Capitaine de police.

25.

Réception du Tambour-major.

Le Tambour-major sera reçu par le Capitaine de police, à la tête de la garde, tous les Tambours y étant préſens, de la même manière que les Sergens-majors ſont reçus à la tête des compagnies.

26.

*Réception des Adjudans.*

Les Adjudans ſeront reçus par le Major, à la tête des bas Officiers aſſemblés.

*Nota.* Sa Majeſté voulant auſſi aſſujettir la réception des Officiers à des règles uniformes, Elle fixera ces règles dans la rédaction du Code militaire, & elles y ſeront inſérées dans l'Ordonnance de la Hiérarchie des grades & de la nomination aux emplois.

# TITRE XII.

## *Des moyens & précautions à prendre contre la Déſertion.*

### ARTICLE PREMIER.

*Vigilance des Colonels, ſur la déſertion.*

Les Colonels & Commandans des régimens, & les Lieutenans-colonels & Commandans des bataillons de l'Infanterie légère, apporteront toute la vigilance & l'attention poſſibles pour prévenir la déſertion. Sa Majeſté ſe fera mettre, tous les ans, ſous les yeux, le tableau de la perte qu'auront faite les régimens ou bataillons de ſon armée, & témoignera ſon mécontentement aux Colonels des régimens & aux Lieutenans-colonels des bataillons de Chaſſeurs dans leſquels elle aura été fréquente, puiſque ce ſera une marque certaine que la diſcipline & les ſoins intérieurs y ſont mal obſervés.

2.

*Moyens de la prévenir.*

Sa Majesté voulant à la fois éclairer & animer les Colonels & Officiers ſupérieurs de ſes régimens & bataillons ſur cet objet important, a fait raſſembler les détails que l'expérience a fait reconnoître les meilleurs & les plus efficaces ; claſſer ces détails, les uns en moyens intérieurs

intérieurs & dépendans de la police & discipline des régimens, les autres, en moyens extérieurs & dépendans, soit de la police générale des Places & du royaume pendant la paix, soit de la police des camps & des armées pendant la guerre.

En conséquence de ce classement, les premiers vont trouver leur place dans le présent Règlement, les autres seront traités dans l'Ordonnance du service des Places & quartiers, & dans celle du service de campagne.

3.

*Conduite des Officiers à l'égard des Soldats.*

UN des premiers moyens pour prévenir la désertion, est que les bas Officiers, Caporaux & Soldats, n'éprouvent jamais ni injustice, ni injures, ni mauvais traitemens de la part de leurs chefs; que, quand ils sont punis, ils sentent qu'ils le sont en vertu de la loi & non par humeur, par colère ou par caprice; que, les préférences, l'avancement & les récompenses soient toujours donnés aux meilleurs sujets; qu'on observe toujours avec soin les mauvais, & qu'on surveille particulièrement ceux qui sont indisciplinés & qui tiennent des propos contre la subordination & contre le service, parce que c'est-là ce qui sème le dégoût & ce qui porte à la désertion.

4.

*Surveillance des Colonels sur la composition de leur regiment.*

LES hommes suspects, les gens sans aveu, les déserteurs étant toujours ceux qui introduisent dans un régiment cet esprit funeste; & Sa Majesté ayant prévu, dans la nouvelle Ordonnance du recrutement, toutes les mesures qu'il est possible de prendre, pour ne composer les régimens que d'hommes d'une bonne espèce, Elle recommande aux Colonels de ses troupes d'Infanterie, de s'attacher à la stricte exécution de cette Ordonnance. Ils doivent sentir de quelle conséquence est cette bonne composition dans une arme aussi essentielle.

*Vigilance des Officiers & bas Officiers des compagnies.*

5.

MAIS c'est sur-tout par les soins du Commandant & des Officiers des compagnies, qui doivent connoître tous les hommes qui les composent; c'est par la vigilance infatigable des bas Officiers qui doivent les connoître encore plus particulièrement, étant dans une relation intime & perpétuelle avec eux; c'est au moyen de l'exemple & des bons propos des anciens Soldats & des sujets éprouvés, qu'il faut chercher à s'attacher, & auxquels il faut tâcher de faire, de cette fidélité, un devoir & un principe, qu'on peut empêcher la désertion d'avoir lieu, ou du moins de faire jamais aucun progrès sensible.

*Limites fixées dans les quartiers.*

6.

LES troupes d'Infanterie occupant quelquefois des garnisons ou quartiers ouverts, & où elles ne peuvent pas être consignées, il convient cependant que dans ces quartiers, les Commandans des régimens mettent des bornes à leur liberté; & pour cet effet, ils fixeront des limites à une plus ou moins grande proximité du quartier, suivant la confiance qu'ils auront dans le bon esprit & dans la sagesse de leur régiment, & les feront marquer par des poteaux placés sur toutes les routes.

On fera connoître ces limites à tous les Soldats, par des promenades militaires, où on les indiquera de manière à ce qu'aucun d'eux n'en puisse prétendre ignorance, & tout homme qui sera arrêté au-delà par les patrouilles journalières, sera consigné au quartier, pour un plus ou moindre nombre de jours, puni de coups de plat de sabre, mis à la salle de discipline ou en prison, suivant l'exigence du cas.

*Les quartiers fermés.*

7.

DANS les quartiers & lieux ouverts, le Commandant du régiment prendra, autant qu'il sera possible, des mesures pour que le quartier puisse au besoin être fermé, afin de se donner par-là le moyen de pouvoir consigner les hommes dont il seroit ou mécontent ou peu sûr, ou qu'il auroit condamnés à cette punition ; & de même telle ou telle escouade ou chambrée, telle ou telle compagnie, & enfin tel bataillon, & la totalité du régiment, quand ces punitions, soit particulières, soit générales, pourront être jugées nécessaires.

## 8.

*Permissions de sortir, accordées dans les garnisons.*

DANS les places de guerre, tous les régimens d'Infanterie & bataillon de Chasseurs seront soumis aux mêmes règles, & ces règles que Sa Majesté fera connoître plus particulièrement dans le service des Places, consisteront d'abord, à donner toute liberté de sortie à de certaines heures, & à moins que les Commandans des régimens n'aient des raisons particulières, pour supprimer ou restreindre passagèrement cette liberté, ce à quoi ils auront besoin d'être autorisés par le Commandant de la Place, & si cela se prolongeoit par le Chef de la division, à tout bas Officier, Caporal, Appointé, Vétéran & double chevron, hormis ceux d'entre eux que le Commandant du régiment aura jugé à propos de consigner, & dont il aura, dans ce cas, fait donner un état aux portes.

Secondement, à donner au reste du régiment un certain nombre de permissions, à raison du quart, du tiers ou de la moitié des compagnies, y compris les bas Officiers, sans que cela puisse jamais excéder la moitié ; le bon ordre & les circonstances imprévues, exigeant que la moitié de la garnison reste toujours dans la Place, & puisse prendre les armes au besoin.

Ces permissions dont il sera plus amplement parlé dans la nouvelle Ordonnance du service des Places, au Titre *des moyens pour prévenir & arrêter la désertion*, & que Sa Majesté ne fait qu'indiquer ici provisoirement, pour annoncer la sage liberté qu'Elle veut qu'on donne à ses Troupes, seront imprimées & employées, ainsi qu'il sera dit dans ladite Ordonnance.

9.

*Bas Officiers & Caporaux pourront sortir avec leur sabre.*

LES bas Officiers & Caporaux, auront seuls la permission de sortir des portes avec leur sabre, & ils pourront aller au-delà des limites, à moins que ces limites ne soient sur les frontières étrangères, pour visiter les lieux suspects, & arrêter tous les Soldats qui s'y trouveroient, ou qui seroient au-delà desdites limites.

10.

*Patrouilles à faire.*

SOIT que les Troupes d'Infanterie soient en garnison dans des Places fermées où dans des quartiers ouverts, il y aura, tous les soirs, une ou plusieurs patrouilles de deux Soldats au moins, commandées par un bas Officier ou Caporal, qui, sortant, deux heures avant la retraite, tantôt par un chemin, tantôt par l'autre, feront le tour, ou une partie du tour de l'enceinte des limites, pour arrêter tout Soldat qui seroit trouvé, soit hors de ladite enceinte, soit faisant du désordre, soit en contravention à quelqu'une des règles de police & de discipline établies.

Cette patrouille ou ces patrouilles seront toujours armées, & avec leurs armes chargées; elles partiront après avoir été inspectées par le Capitaine de police; & le bas Officier ou Caporal qui les commandera, lui rendra compte, à son retour, de ce qui se sera passé pendant sa patrouille.

11.

*Patrouilles extraordinaires.*

INDÉPENDAMMENT de cette patrouille journalière, il y aura toujours sur la garde de police, un certain nombre de Soldats désignés, pour servir de patrouille extraordinaire, à raison d'un ou plusieurs par compagnie suivant le degré de réunion ou de dispersion du régiment.

Mais

Mais ces petits détachemens ne sortiront que dans le cas où un Soldat auroit manqué à quelqu'un des appels, & particulièrement à la soupe ou à l'appel de la retraite, avec des circonstances qui pourroient le faire suspecter. Dans ce cas, ces petits détachemens iroient sur le champ à la recherche & à leur poursuite, avec une instruction du Commandant du régiment, étant toujours commandés par un Officier ou bas Officier de la compagnie dont seroit l'homme manquant.

Si plusieurs hommes de diverses compagnies manquoient à la fois, un Officier ou bas Officier de chacune de ces compagnies, sortiroit avec les patrouilles.

12.

*Patrouilles surveillées par les Commandans des régimens*

LES Commandans des régimens s'assureront fréquemment de la promptitude avec laquelle ces patrouilles extraordinaires pourroient être prêtes, en les rassemblant à l'improviste.

Les hommes désignés pour ces patrouilles, devant faire partie de la garde de police au quartier, seront par-là plus tôt prêts & toujours au quartier, sans que ce soit une augmentation de service & d'assujettissement pour le régiment.

Dans le cas où ils marcheront, si on le juge nécessaire, ils seront remplacés à la garde de police par des hommes de leur compagnie.

13.

*Service des patrouilles, appliqué à l'instruction.*

LE service de ces patrouilles, soit journalières, soit extraordinaires, loin d'être pour les régimens un surcroît de fatigue, deviendra, dans les mains des Commandans des régimens qui sauront l'appliquer à l'instruction des Officiers, bas Officiers & Soldats, une école utile pour la guerre, & qui, sans aucune vue relative, soit à la désertion, soit à la discipline, devroit avoir lieu pour ce seul objet.

14.

*Reconnoissance des lieux.*

MAIS pour que ces patrouilles ne fassent jamais ce service au hasard, & qu'elles puissent remplir avec intelligence & succès le but auquel elles sont destinées, les Commandans des régimens, à leur établissement dans une nouvelle garnison ou dans un nouveau quartier, feront toujours, avec leurs Officiers supérieurs, une reconnoissance soigneuse des environs, en observant les routes, débouchés, ponts, bacs, chemins creux, chemins de traverse, & enfin tous les points qui peuvent ou favoriser ou contrarier & retarder l'évasion des Déserteurs; & d'après cette reconnoissance, ils dresseront une ou plusieurs instructions itinéraires & détaillées à l'usage des patrouilles, & relativement aux diverses directions sur lesquelles on peut les envoyer.

Tous les Officiers & bas Officiers du régiment, feront ensuite successivement avec la patrouille journalière, les reconnoissances, telles qu'elles seront détaillées par les différentes instructions, & se mettront ainsi en état de remplir les missions qui pourroient leur être données conséquemment auxdites instructions.

15.

*Concert entre les régimens pour les patrouilles.*

DANS les garnisons ou quartiers où il y aura plusieurs régimens, les Commandans des régimens pourront se concerter ensemble pour la marche & la direction de leurs patrouilles journalières, & même s'aider pour l'expédition de leurs patrouilles extraordinaires, afin d'embrasser plus de pays à la fois; & il est à croire qu'avec de pareilles mesures, aucun Déserteur n'échappera à la poursuite.

16.

*Les Soldats prévenus des mesures ordonnées contre la désertion.*

MAIS outre l'avantage qui résultera de ces mesures, pour arrêter les Soldats qui seroient tentés de déserter, elles auront souvent celui d'en ôter la tentation.

Les Officiers & bas Officiers des compagnies, ne sauroient donc trop faire connoître aux Soldats, non-seulement les mesures ci-dessus & ci-après ordonnées par Sa Majesté, dans l'intérieur des régimens, contre la désertion, mais même celles que Sa Majesté se propose de prendre, tant dans les Ordonnances du service des Places, que par la nouvelle constitution & les nouvelles règles de service qu'Elle est dans l'intention d'assigner à la Maréchaussée, ainsi que par les règles de police qu'Elle veut établir au-dedans du royaume & sur les frontières; le résultat de ce nouvel ordre de mesures, devant être de laisser rarement le crime de la désertion impuni; & les Soldats qui le commettront, devant sentir qu'ils s'exposent alors, presque avec certitude, à être arrêtés.

17.

*Patrouilles chargées d'arrêter les Embaucheurs.*

LES patrouilles journalières auront aussi pour objet, d'arrêter les Embaucheurs ou gens suspects d'en faire le métier, & qu'on reconnoît toujours aisément, soit à leur fréquentation des cabarets & lieux où vont les Soldats, soit aussi parce qu'ils se tiennent quelquefois dans des lieux écartés & solitaires, sur les chemins de traverse, soit à leur air troublé quand on les interroge de près, à leur défaut de passeports ou de certificats, ou à l'irrégularité de ces passeports ou certificats, quand on les examine.

18.

*Embaucheurs remis à la Maréchaussée.*

LORSQUE les patrouilles des régimens arrêteront des hommes de ce genre, ils les remettront au Commandant de la Maréchaussée qui les examinera avec soin, & se conduira à leur égard, ainsi qu'il lui est ou sera prescrit par l'Ordonnance qui concerne son Corps.

19.

*Permissions de sortir des places, accordées aux patrouilles.*

POUR que l'expédition de ces patrouilles n'éprouve jamais de retard, les Commandans des Places permettront, à l'avance, & une fois pour toutes, aux Commandans des régimens, de les faire sortir & rentrer par telle porte, à telle heure, & aussi souvent qu'ils le jugeront à propos, & cela sera formellement prescrit par la nouvelle Ordonnance du service des Places, au Titre *des mesures & moyens pour prévenir la désertion.*

20.

*Régularité des appels.*

LA régularité des appels étant un moyen, soit de prévenir la désertion, soit d'arrêter les hommes qui auroient déserté, les Commandans des régimens ne sauroient avoir trop d'attention à monter & à surveiller cette partie de la police journalière, afin que les bas Officiers n'y apportent jamais d'indifférence, de complaisance, ni de connivence, afin qu'ils ne perdent pas un moment à informer le Capitaine de police du régiment & l'Officier de semaine, ainsi que le Commandant de leur compagnie; & afin que ceux-ci prennent sur le champ, en raison de l'espèce & de la conduite de l'homme qui aura manqué à l'appel, & des circonstances qui auront accompagné cette faute, les renseignemens, recherches, & fassent les démarches & poursuites, tant intérieures qu'extérieures, soit pour découvrir ledit homme, s'il n'est pas encore évadé, soit pour l'arrêter, s'il l'est.

21.

*Les appels ne seront pas multipliés.*

OUTRE les appels du matin & du soir, & de ceux des soupes, il est presque impossible qu'un homme puisse échapper assez long-temps à la vigilance des Officiers, pour que son évasion ne soit pas promptement découverte; ainsi, dans quelque circonstance que ce soit, on ne multipliera pas les appels, qui ne serviroient qu'à fatiguer inutilement le Soldat.

22.

*Rapport des appels.*

LES rapports de l'appel du matin & de celui du soir se feront par écrit, & au moyen de billets conformes au modèle annexé à la présente Ordonnance, sous le *n.° 8.*

Ils

Ils seront signés, celui du matin, par le Sergent qui aura fait l'appel; & celui du soir, par l'Officier de semaine. Ces billets seront portés au corps-de-garde de police, où l'Adjudant de semaine se trouvera pour les recevoir, & pour faire de ces billets particuliers, un billet d'appel général, qu'il portera immédiatement après au Commandant du régiment.

On rendra compte verbalement au Capitaine de police, des appels de soupe; & si un Soldat avoit manqué à un des appels intermédiaires aux deux grands appels, l'Officier de semaine en fera rendre compte sur le champ au Commandant de la compagnie, pour qu'il soit pris en conséquence les mesures nécessaires.

23.

*Punition des bas Officiers, en cas de faux appel.*

TOUT bas Officier ou Caporal qui aura rendu un faux appel, sera puni suivant l'exigence du cas, & selon ce qui en aura pu résulter, mis en prison & même cassé.

24.

*Punition des Officiers, en cas de négligence.*

TOUT Officier de semaine qui se sera mis dans le même cas, soit en manquant de faire un des appels prescrits, soit en le faisant négligemment, soit en ne vérifiant pas avec soin ceux des bas Officiers ou Caporaux, sera mis aux arrêts, & même puni plus sévèrement, suivant l'exigence du cas, & selon ce qui aura pu en résulter.

25.

*Punition du Soldat qui aura favorisé un faux appel.*

TOUT Grenadier, Chasseur ou Soldat qui aura favorisé un faux appel, soit en répondant pour son camarade, en contrefaisant sa voix, ou en assurant qu'il vient de le voir ou de lui parler, ou enfin de quelque manière que ce soit, sera consigné pendant un certain nombre de jours, & puni plus fortement, suivant l'exigence du cas.

Si ce Soldat eſt en même temps chef de chambrée ou d'ordinaire, ſa faute devenant plus grave, en raiſon de la confiance qu'il a dû inſpirer, la punition ſera proportionnée en conſéquence.

## 26.

*Précautions à prendre vis-à-vis des Recrues.*

LES recrues étant ordinairement ceux qu'il importe le plus de ſurveiller, ſur-tout pendant la première année de leur arrivée au régiment, ſoit parce qu'il peut ſe trouver parmi eux des hommes ſans aveu, ou des déſerteurs qui auront trompé les meſures ordonnées aux Recruteurs, ſoit parce que les jeunes gens ſont plus ſujets à des mouvemens de dégoût & d'inconſtance, & plus faciles à ſe laiſſer entraîner par de mauvais conſeils, on prendra avec eux, dès qu'ils ſeront arrivés, les précautions ſuivantes, précautions qui ont leur propre avantage en vue, puiſque c'eſt les mettre à l'abri d'un crime qui les enlève à leur famille, ſouvent à leur pays, & les dévoue preſque toujours à une vie errante & malheureuſe.

## 27.

*Vérification des ſignalemens.*

ON obſervera, pour tout Soldat de recrue arrivant au régiment, les précautions que l'Ordonnance du recrutement indique, tant pour la vérification de ſon ſignalement, que pour la réception ou viſite de ſes effets, & enfin tout ce qui peut tendre à le faire connoître.

## 28.

*Marque diſtinctive des Recrues, ſera toujours portée.*

AUCUN homme de recrue, quel qu'il ſoit, ne ſera diſpenſé de porter, conformément à ladite Ordonnance, ſur le côté gauche de la poitrine, une marque, conſiſtant dans la lettre *R*, & faite en drap rouge ou bleu, de manière qu'elle tranche avec le fond de l'uniforme, & il ne pourra la quitter que quand il ſera admis à la compagnie, & après avoir prêté le ſerment preſcrit à la revue finale du Chef de diviſion: une de ces deux conditions ne suffira pas, & il faudra qu'elles soient remplies toutes deux.

29.

*Recrues consignées tant qu'ils en porteront la marque.*

TANT qu'un homme de recrue portera la marque prescrite ci-dessus, il sera toujours consigné au quartier, & il n'en sortira qu'accompagné d'un bas Officier, Caporal, ou Soldat de confiance.

Le Commandant de la compagnie désignera à cet effet, à son arrivée, les hommes auxquels il se confie, de manière que cette assiduité ne soit pas gênante pour eux, & qu'ils puissent se transmettre ce soin de l'un à l'autre.

30.

*Recrues suspects, seront observés.*

QUAND les recherches faites pour la vérification de son signalement, les informations renvoyées par le Prévôt général, & enfin d'autres preuves ou indices, auront donné quelques soupçons contre l'homme de recrue, l'on ajoutera aux précautions ci-dessus ordonnées, celles qu'on jugera convenables.

31.

*Recrues à renvoyer.*

SI ces renseignemens constatés, étoient de telle nature, qu'il y eût un inconvénient positif à garder l'homme au régiment, le Commandant du régiment ne balancera pas à en faire le sacrifice, les hommes de ce genre répandant toujours dans les compagnies un mauvais esprit, & finissant souvent par tromper toutes les mesures de la discipline, & par entraîner avec eux les sujets médiocres ou faciles.

32.

*Comment renvoyés.*

MAIS avant de se défaire d'un homme de cette espèce, le Colonel du régiment s'adressera préalablement à l'Inspecteur-divisionnaire, en lui envoyant un rapport détaillé des motifs qui l'y déterminent, & celui-ci en rendra compte au Commandant de la division, qui approuvera ce renvoi, s'il le juge nécessaire.

D'après l'approbation du Lieutenant général, l'homme sera renvoyé avec une cartouche de réforme, ~~où il~~ sera noté d'homme suspect & dangereux; mais avant de l'être, le Colonel ne négligera pas de lui faire infliger une correction sévère, & connue du régiment, qui puisse à la fois le dégoûter d'aller tromper d'autres régimens, & montrer aux Soldats, que Sa Majesté ne veut à son service que des Soldats honnêtes gens & fidèles.

En renvoyant l'homme, on lui laissera un mauvais habit, & on lui fera un décompte à raison de trois sous par lieue, jusqu'à trente lieues de la garnison ou du quartier, s'il n'a pas personnellement des moyens équivalens dans cette proportion.

33.

*Recrues suspects auront une marque distinctive.*

LORSQUE les renseignemens pris sur un homme de recrue, le feront regarder seulement comme un homme suspect, mais en même temps cependant susceptible d'être plié, corrigé ou retenu par la discipline, on se bornera à le faire observer & suivre avec plus d'assiduité; & lorsqu'il quittera la marque de recrue, on substituera à cette marque, tant qu'il continuera d'être suspect, la lettre *C*, qui voudra dire *consigné*.

34.

*Ne pourront sortir hors des portes.*

TOUT homme ainsi désigné, continuera de ne pouvoir sortir sans être accompagné, n'aura jamais de permission pour sortir hors des portes, si le régiment est dans une Place ou ville de guerre, n'aura ni semestre, ni congé limité, ne marchera jamais en patrouille, & ne sera posé en sentinelle ou vedette à aucun poste avancé.

35.

*Mêmes précautions contre les anciens Soldats suspectés.*

CETTE marque qui entraînera toujours toutes les privations prescrites ci-dessus, sera de même donnée à tout ancien Soldat qui l'aura méritée, en se rendant suspect par quelque

quelque dérangement, mauvais propos ou autre indice de ce genre, & il la conservera jusqu'à ce que sa conduite ait effacé cette opinion.

36.

*Punition du Soldat, qui sera rencontré sans la marque prescrite.*

LES marques ci-dessus désignées, seront également mises aux vestes; & les Soldats qui y seront assujétis les porteront toujours dans quelque tenue qu'ils puissent être.

Tout Soldat de recrue ou autre, qui sera rencontré sans lesdites marques, ou qui les aura détachées, sera puni de coups de plat de sabre, ou mis en prison, suivant l'exigence du cas.

37.

*Officiers & bas-Officiers responsables des désertions.*

AU moyen des mesures indiquées ci-dessus, & ajoutées à la vigilance que doivent avoir habituellement les bas Officiers & Caporaux attachés aux escouades & subdivisions; & comme il doit être presque impossible qu'un homme de recrue ou un homme suspect échappe à tant de surveillans réunis, s'ils s'acquittent chacun de ce service avec soin, & si les Capitaines y tiennent exactement la main, Sa Majesté entend les rendre tous ensemble, & solidairement responsables, de toutes les désertions qui pourroient avoir lieu dans leur compagnie.

38.

*Retenue ordonnée sur les Officiers, & bas Officiers, en cas de désertion.*

LORSQU'IL désertera, dans une compagnie, soit en garnison, soit en route, un Soldat, soit de recrue, soit ancien; aussitôt que la désertion aura été constatée, il sera fait par les ordres du Commandant du régiment ou du bataillon, une retenue de cinquante livres, tant sur les appointemens de tous les Officiers de la compagnie, que sur la haute-paye des bas Officiers & Caporaux; la répartition de cette retenue se fera au marc la livre, & le montant sera versé à la masse générale, tant pour la dédommager d'une partie de la perte qu'essuye cette masse,

que pour servir aux dépenses indiquées ci-après, & qui auront pour objet de prévenir ou d'arrêter la désertion.

39.

*Punition du Commandant d'un poste, en cas de desertion.*

SI un homme déserte d'un poste, & que le Commandant du régiment ou du bataillon, juge, d'après l'examen des circonstances de la désertion, que ce peut être par la faute du Commandant du poste, celui-ci sera puni d'autant de jours d'arrêt qu'il le jugera convenable; & de plus, il sera fait une retenue de vingt-cinq livres, répartie au marc la livre, sur les appointemens de l'Officier, & sur la haute-paye des bas Officiers & Caporaux de la garde.

Cette punition & cette retenue auront toujours lieu quand le Soldat déserté, étant, ou un homme de recrue de l'année, ou un homme désigné suspect, aura déserté d'un poste avancé ou d'une faction exposée, des hommes de ce genre ne devant point y être mis; & cette attention ne devant jamais échapper au Commandant d'une garde.

40.

*Punition des Sentinelles, qui auront favorisé la désertion.*

DANS le cas où un homme ayant déserté, il sera vraisemblable qu'une Sentinelle voisine a pu en avoir connoissance, si c'est une Sentinelle de la garde de police du régiment, ou que le régiment soit en quartier dans une ville où il n'y a point d'État-major, elle sera relevée sur le champ & mise à la salle de discipline, pour être ensuite punie, ainsi que le Commandant du régiment l'ordonnera.

Sa Majesté s'expliquera dans la nouvelle Ordonnance du service des Places, sur la manière dont il sera usé, au cas que la Sentinelle soit d'une garde de la Place, & de même dans l'Ordonnance qu'Elle rendra concernant les conseils de guerre, & les crimes & délits, sur ce qui seroit observé à l'égard des Sentinelles, que des indices plus positifs feroient soupçonner d'avoir favorisé la désertion.

41.

*Hommes de garde consignés.*

Tous les hommes de garde à un poste, d'où il sera déserté un Soldat, seront consignés au quartier pendant huit jours; il en sera de même de tous ceux de sa chambrée, s'il a emporté des effets de son sac.

42.

*Compagnie entière consignée.*

La compagnie de laquelle il désertera un homme, hors le cas de service indiqué par l'article ci-dessus, sera consignée en entier dans le quartier pendant quatre jours, & la chambrée du déserté pendant huit jours.

Pendant qu'une compagnie ou une chambrée sera consignée, toutes les permissions particulières de sortir hors de la Place, seront suspendues, même pour les bas Officiers qui ne pourront eux-mêmes sortir du quartier, que pour les objets relatifs au service.

43.

*Devoir des patrouilles.*

Le désordre & la licence conduisant toujours à des fautes plus graves, & notamment à la désertion, les patrouilles établies par l'article 10 du présent Titre, arrêteront tout bas Officier ou Soldat qu'ils trouveront hors de la Place ou du quartier, en contravention à cet égard; & dans ce cas, il leur sera payé par la masse générale trois livres par chacun des hommes arrêtés.

A l'égard des hommes qu'ils arrêteront hors des limites, il leur sera payé sur la même masse douze livres par homme, & si ces hommes arrêtés hors des limites sont en même temps convaincus par des indices certains d'avoir voulu déserter, il leur sera payé vingt-cinq livres pour chacun.

Ces gratifications étant particulières aux régimens, n'ont aucun rapport avec celles qui sont établies, ou qu'il plaira à Sa Majesté d'établir à son compte par ses Ordonnances, relativement à cet objet.

44

*Gratification à ceux qui décéleront un projet de désertion.*

IL sera payé sur les fonds provenant des retenues ci-dessus établies, une gratification à toute personne qui décélera un projet ou complot de désertion.

Cette gratification sera plus ou moins forte, suivant le nombre d'hommes compris dans le complot, & suivant aussi que le complot sera constaté. S'il y avoit plusieurs dénonciations pour le même complot, la gratification seroit partagée entre les dénonciateurs.

Les gratifications énoncées ci-dessus étant de même particulières aux régimens, seront indépendantes de celles que Sa Majesté accorde ou accordera par ses Ordonnances pour les mêmes objets.

45

*Visites fréquentes des sacs.*

LES visites de linge & effets, étant encore un moyen propre à prévenir la désertion, les Commandans des compagnies, Officiers de semaine & bas Officiers, ne pourront y apporter trop de vigilance & d'exactitude.

A cet effet, les Sergens devant avoir l'état des effets de petite monture des hommes qui composent leur subdivision, & les Caporaux également, de ceux qui composent leur escouade, ils feront fréquemment la visite des havresacs.

L'Officier de semaine fera tous les jours la visite d'un ou deux havresacs par chambrée indistinctement.

Les matelas, paillasses & dessous des lits, seront aussi visités quelquefois, pour s'assurer qu'il n'y a point d'armes cachées, de cordes, outils ou instrumens suspects.

46

*Effets hors de service du Soldat, comment vendus.*

IL sera expressément défendu aux Soldats de se défaire d'aucune partie de leurs effets, sous prétexte qu'ils sont

ſont hors d'état de ſervir, ſans la permiſſion du Sergent de leur ſubdiviſion, approuvée par le Commandant de la compagnie. Si cette permiſſion eſt accordée, les effets ſeront vendus, & le montant en ſera ſur le champ employé à leur remplacement, ou verſé à la maſſe particulière du Soldat.

47.

*Effets retirés en cas de déſertion.*

LORSQU'UN homme manquera à l'appel, ſi on le ſoupçonne déſerté, le Sergent-major fera porter tous ſes effets dans ſa chambre, il en fera l'état en préſence du Sergent de la ſubdiviſion & du Caporal de l'eſcouade.

Il portera cet état au Commandant de la compagnie, qui après l'avoir viſé & ſigné, l'enverra au Commandant du régiment.

48.

*Viſite confrontée au regiſtre de compagnie.*

APRÈS la viſite faite, cet état ſera confronté au regiſtre de la maſſe de la compagnie, pour connoître ſi tous les effets laiſſés par le déſerté y ont été portés en bénéfice; dans le cas contraire, comme cela deviendroit une preuve, que les effets qui n'y auroient pas été portés en bénéfice, auroient été emportés par le déſerteur, le Commandant du régiment ordonneroit la retenue du montant deſdits effets, ſur les appointemens du Capitaine ou Commandant de la compagnie, qui auroit ſigné un faux état.

49.

*Cabaretiers ſurveillés.*

LA déſertion étant enfin preſque toujours provoquée ou favoriſée par la facilité des cabaretiers à faire crédit, ou à donner aſyle aux Embaucheurs & au libertinage, les Commandans des régimens s'attacheront, dans les garniſons & quartiers, à faire prendre connoiſſance de tous les lieux de ce genre, & particulièrement de ceux qui ſont les plus écartés & les plus ſuſpects, & pour cela, ils chargeront ſpécialement de ce détail, un Lieutenant de Grenadier ou Porte-drapeau, en y joignant un ou deux bas Officiers de choix; ces derniers seront changés toutes les semaines, de peur qu'en étant connus, cela ne nuise au succès des recherches dont ils sont chargés.

Cet Officier, ainsi que les bas Officiers qui lui seront adjoints, se procureront & auront dans leurs mains, des Soldats affidés, lesquels ne seront point connus, & qui, en fréquentant tous les lieux publics & suspects, leur donneront avis de tout ce qui viendra à leur connoissance, de contraire au bien du service, & particulièrement les projets & complots de désertion; ces Soldats affidés seront payés par des gratifications, à raison de la vérité & de l'importance des avis qu'ils donneront, & ces gratifications seront payées de la masse générale, sur le produit des retenues énoncées dans le présent Titre.

A l'égard du Porte-drapeau ou Officier de Grenadier, chargé supérieurement de ce détail, d'après le succès qu'auront eu sa vigilance & son zèle, en empêchant la désertion, & en assurant la discipline, il en sera rendu compte par le Commandant du régiment au Lieutenant général de la division, à sa revue finale, & celui-ci le fera comprendre en conséquence, s'il juge qu'il l'ait mérité, dans l'état des gratifications extraordinaires, qui seront demandées à Sa Majesté, pour les Officiers du régiment qui y auront acquis des droits.

---

# TITRE XIII.

## *Des Punitions.*

SA MAJESTÉ ne prescrit ci-après, que les punitions relatives à de simples fautes de service & de discipline, du genre de celles qui peuvent être ordonnées par le Commandant du Corps; les autres fautes qui étant plus graves, prennent le nom de *crimes* ou *délits*, & entraînent des punitions qui ne sont pas à la disposition des Commandans des régimens, seront traitées dans l'Ordonnance de ce nom, que Sa Majesté rendra par la suite, ainsi que les formes de Conseils, de réquisitions, procédures, informations, jugemens & exécutions qui y auront rapport.

## *Des Punitions des Officiers.*

ARTICLE PREMIER.

*Distinction des punitions.*

LES punitions que Sa Majesté fixe pour toutes les fautes de service, police & discipline, que commettront les Officiers, d'après la distinction établie ci-dessus, seront de deux sortes, les *arrêts* & la *prison*.

2.

*Distinction des arrêts.*

LES arrêts seront distingués en arrêts, dit *simples*, & en arrêts, dits de *rigueur*.

3.

*Arrêts simples.*

DANS le premier cas, l'Officier sera aux arrêts chez lui, & il n'en sortira que pour se trouver à tous les exercices & faire son service; mais il ne pourra recevoir chez lui aucune visite, excepté celle des Officiers de sa compagnie.

4.

*Par qui ordonnés.*

CE genre d'arrêts pourra être ordonné, non-seulement par le Commandant du régiment, à tous les Officiers du régiment, mais encore par tout grade supérieur, à ceux qui lui sont inférieurs ou qui seront moins anciens que lui dans ledit grade, à l'exception des Lieutenans, à moins que ces derniers ne se trouvent commander leur compagnie, ou un détachement dans lequel ils auroient des Officiers d'un grade inférieur à eux, ou moins anciens qu'eux, dans lequel cas ils auront le même droit envers les Lieutenans & Sous-lieutenans à leurs ordres, que s'ils étoient Capitaines.

*Compte à rendre à l'Officier supérieur.*

5.

AUCUN Officier ne pourra toutefois ordonner ce genre d'arrêts à un Officier qui lui sera inférieur, sans en rendre compte sur le champ au Commandant du régiment, en lui motivant les raisons de la punition qu'il aura ordonnée; & ce ne sera que dans le cas d'une injustice constatée avec la dernière évidence, que celui-ci pourra la suspendre ou la faire cesser.

6.

*Confirmation des arrêts.*

HORS ce cas, le Commandant du régiment confirmera toujours la punition, & il l'aggravera, s'il ne trouve pas la faute suffisamment punie.

Il ne fera sortir des arrêts, l'Officier qui y aura été mis, que sur la demande de l'Officier qui les lui aura ordonnés, à moins que celui-ci, par humeur & avec injustice, ne prolongeât la punition au-delà de ce que la faute mérite; auquel cas, sans compromettre la discipline, & en lui remontrant en particulier l'abus qu'il fait de son autorité, il lui ordonnera de faire cesser les arrêts.

7.

*Comment ordonnés.*

TOUT Officier qui mettra aux arrêts un Officier qui lui sera inférieur en grade, ou qu'il commandera, quoique du même grade, pourra les lui ordonner lui-même, soit de vive voix, soit par un ordre signé; il fera cesser les arrêts dans la même forme.

8.

*Forme des ordres d'arrêts.*

TOUT ordre, soit pour mettre un Officier aux arrêts, soit pour le faire sortir, quand il sera par écrit, sera cacheté, & pourra dans ce cas, être envoyé par un Adjudant ou bas Officier.

Quand cet ordre ne sera pas par écrit, il sera toujours porté à l'Officier puni, par un Officier supérieur en grade au sien.

9. TOUT

*Levée des arrêts.*

9.

TOUT Officier mis aux arrêts, se présentera en en sortant, à l'Officier qui l'y aura mis, chez lui ou ailleurs; si l'Officier sortant des arrêts ne rend pas cet hommage à son Chef & à la discipline, avec la déférence convenable, l'Officier qui l'aura mis aux arrêts, l'y fera rentrer.

*Subordination des Lieutenans vis-à-vis des Capitaines.*

10.

SA MAJESTÉ étant informée que dans la plupart de ses régimens, la discipline & la subordination ne sont pas assez positivement établies entre les Officiers des compagnies & les Capitaines, & sentant combien la discipline qui ne part pas de cette base, pour remonter ensuite de grade en grade jusqu'au premier Chef, est imparfaite & vicieuse, Elle renouvelle ici aux Commandans & Officiers supérieurs de ses régimens, l'intention qu'Elle a énoncée au Titre II du présent réglement, & leur ordonne très-expressément d'établir cette discipline graduelle, & pour cela, non-seulement de faire toujours passer par les Capitaines des compagnies, les ordres de punitions qu'ils donneront aux Officiers desdites compagnies, ainsi que celui de la cessation des punitions; mais encore d'exiger que les Capitaines punissent par eux-mêmes & de leur ordre direct, toutes les fautes dont ils seront ou témoins ou informés, & pour s'en assurer, ils les rendront responsables de toutes les fautes de leurs subordonnés, & les en puniront eux-mêmes, lorsqu'en ayant été ou ayant dû en être informés, ils ne les auront pas punies.

*Arrêts de rigueur.*

11.

LES arrêts de rigueur seront marqués par une Sentinelle à la porte de la maison ou de la chambre de l'Officier qui y sera mis.

*Par qui ordonnés.*

12.

LES arrêts de rigueur seront appliqués à des fautes de service ou de discipline, plus graves que les premières, ou qui étant récidivées, nécessiteroient par-là une punition plus forte. Ils ne pourront être ordonnés que par le Commandant du régiment, ou par tout Officier commandant une partie du régiment, ou un détachement quelconque, à une distance qui ne lui permettroit pas de recourir assez promptement à l'autorité du Commandant du régiment, & où le service & la discipline pourroient en souffrir, car dans le cas où il en seroit à portée, il se contenteroit de mettre l'Officier aux simples arrêts, & de demander au Commandant du régiment ses ordres ultérieurs.

13.

*Suspension de toutes fonctions de service.*

TOUT Officier mis aux arrêts de rigueur, sera suspendu de toutes ses fonctions de service, tant au dedans qu'au dehors du régiment, & il ne recevra chez lui aucune visite de quelque nature qu'elle soit.

14.

*En cas de route, comment les Officiers aux arrêts, marcheront.*

LORSQUE le régiment sera en route ou en marche, les Officiers détenus aux arrêts simples, n'étant point suspendus de leurs fonctions, marcheront avec leurs compagnies; ceux qui seront aux arrêts de rigueur, ne devant faire aucun service, marcheront à la garde de police.

15.

*Punition de prison.*

LA punition de la prison devant être considérée comme au-dessus de celle des arrêts, & appliquée en conséquence à des fautes plus graves, les Officiers qui la mériteront, y seront mis suivant l'exigence du cas, soit dans les prisons destinées aux Officiers, & dépendantes des Places où les régimens seront en garnison, & lorsqu'il n'y aura pas de prison, dans une chambre de la caserne, qui sera destinée au besoin à en tenir lieu, & dont la clef sera alors consignée au bas Officier de la garde de police, soit dans les citadelles, forts ou châteaux de la province ou des provinces les plus voisines.

La punition de prison dans les prisons des Places ou dans une chambre de la caserne, ne pourra être ordonnée que par le Commandant du régiment, le Commandant de la brigade ou de la Place, l'Inspecteur-divisionnaire, le Commandant de la division & le Commandant de la province.

A l'égard de la prison dans une citadelle, fort ou château, il sera nécessaire que la permission en soit demandée au Secrétaire d'État du département de la guerre, qui prendra à cet égard les ordres du Roi, & expédiera en conséquence un ordre de Sa Majesté au Commandant de la citadelle, fort ou château, pour le recevoir, en spécifiant, d'après la demande qui en aura été faite par l'Officier supérieur ou général, suivant la nature de la faute, si l'Officier devra être strictement en prison, ou s'il devra avoir pour prison la citadelle, fort ou château.

Ces demandes de confirmation de punition, & d'un ordre du Roi en conséquence, passeront par les Commandans des provinces, quand ils seront présens.

Les Officiers pour lesquels on en fera la demande, seront mis, en attendant l'expédition, aux arrêts de rigueur.

16.

*Officiers mis en prison, remettront leur épée.*

TOUT Officier mis en prison, de quelque nature qu'elle soit, remettra ou fera remettre son épée entre les mains du Commandant de la Place, fort ou château où il sera détenu; & s'il n'y a pas d'État-major de Place, & que ce soit une chambre de caserne qui en tienne lieu, elle sera portée chez le Commandant du régiment.

Tout Officier en prison sera tenu de rendre sur son premier semestre, le temps qu'il aura passé en prison.

S'il est enfermé pour dettes, la moitié de ses appointemens sera employée à sa nourriture & à son entretien, & l'autre, retenue par le Conseil d'administration pour être appliquée au payement de ses créanciers.

17.

*Compte des punitions d'arrêts, rendu au Commandant de la Place.*

LA punition des arrêts simples, étant en quelque sorte une punition intérieure & sans évidence, & qui d'ailleurs ne suspend pas un Officier de ses fonctions, le Commandant du régiment n'en devra compte au Commandant de la Place, qu'autant que l'Officier y auroit été mis pour le service de la Place, ou pour quelque chose qui intéresseroit la police publique.

A l'égard de la punition des arrêts de rigueur, cette punition étant évidente, à cause de la Sentinelle qui la désigne, & de la suspension que cette punition entraîne de toutes les fonctions de l'Officier qui la subit, le Commandant du régiment en devra compte, dans tous les cas, au Commandant de la Place.

18.

*Même compte pour les lever.*

DANS le cas où le Commandant du régiment, conformément à l'article précédent, ne devra pas compte au Commandant de la Place, d'avoir mis un Officier aux arrêts simples, il ne sera pas tenu, lorsqu'il voudra les faire cesser, de lui en demander la permission.

Par la même raison, dans le cas où il lui devra compte d'avoir mis un Officier aux arrêts, quoique simples, il devra aussi lui demander la permission de les faire cesser.

19.

*Compte à rendre au Commandant de Brigade.*

TOUT ce qui tient à la discipline & police intérieure du régiment, devant être à la connoissance des Officiers généraux divisionnaires, le Commandant du régiment rendra compte au Maréchal-de-camp commandant la brigade, quand il sera présent à la division, même des simples arrêts.

20.

*Arrêts des Officiers supérieurs.*

LES arrêts, soit simples, soit de rigueur, auront de même lieu, si le cas y échoit, envers les Officiers supérieurs

supérieurs du régiment, de la part du Commandant dudit régiment; mais les Officiers supérieurs ne pourront ordonner à ceux des Officiers supérieurs qui sont au-dessous d'eux, que les arrêts simples, & ceux de rigueur resteront à la disposition du seul Commandant du régiment.

21.

Autorité des Commandans des Places.

LES Commandans des Places, pourront ordonner à tous les Officiers des régimens qui y tiendront garnison, les arrêts, soit simples, soit de rigueur, soit même la prison, & ils en rendront compte immédiatement après au Commandant de la province.

22.

Autorité des Maréchaux-de-camp divisionnaires, sur les Colonels.

LES Maréchaux-de-camp divisionnaires, ne pourront ordonner aux Colonels des régimens, que les arrêts simples, & ils prendront les ordres du Commandant de la division, s'ils jugent qu'ils ont mérité la punition des arrêts de rigueur; & de même, s'ils jugeoient que la punition de la prison dût leur être ordonnée.

*Des Punitions des bas Officiers & Caporaux.*

23.

Punitions des bas Officiers & Caporaux.

LES fautes que commettront les bas Officiers & Caporaux, seront punies de différentes manières, suivant la nature des fautes.

24.

Nature des punitions.

LES fautes légères de tenue, soit personnelles, soit relatives à leurs subdivisions ou escouades, seront punies par la consigne au quartier.

Les bas Officiers ou Caporaux ainsi consignés, ne seront dispensés d'aucun service, tant intérieur qu'extérieur; cette punition sera prolongée un ou plusieurs jours, suivant les circonstances.

Les fautes contre le service des Places, ou la discipline intérieure des régimens, devant être considérées comme plus graves, seront punies suivant leur degré, par la salle de discipline ou par la prison.

Les motifs & la nature des punitions seront enregistrés avec leur date dans le livre des punitions du régiment.

25.

*Tenue à la salle de discipline.*

TOUT bas Officier ou Caporal mis à la salle de discipline, y conservera l'habit & les marques de son grade, mais y sera sans arme & en bonnet de police.

Il sera suspendu de tout service intérieur dans le régiment, exercera au peloton d'instruction, & sera seulement commandé pour le service extérieur, s'il y en a.

Il sera retenu cinq sous par jour à chaque Sergent-major; quatre sous à chaque Sergent ou Fourrier, & trois sous à chaque Caporal, pendant tout le temps qu'il sera à la salle de discipline, lesquels seront versés à la masse de compagnie, conformément à l'Ordonnance d'Administration.

26.

*Tenue en prison.*

TOUT bas Officier ou Caporal mis en prison, y sera en veste & en bonnet, ne fera aucun service, soit intérieur ou extérieur, sera au pain & à l'eau, & supportera la même retenue que ceux à la salle de discipline.

27.

*Police des prisons & salles de discipline.*

LA police des prisons & salles de discipline, sera uniforme dans tous les régimens, & plus amplement traitée ci-après.

28.

*Punition de cachot.*

AUCUN bas Officier ou Caporal ne sera mis au cachot que dans le cas d'un délit qui le feroit ensuite passer à un Conseil de guerre; & dans ce cas, il y sera au pain & à l'eau, & le surplus de sa paye, les frais de pain, paille & géolage déduits, sera versé en entier à la masse de compagnie.

29.

*Autres punitions pour les bas Officiers & Caporaux.*

Les bas Officiers pourront aussi, relativement à diverses espèces & degrés de faute, subir les punitions suivantes; savoir, être suspendus un temps limité des fonctions de leur grade, pour remplir celles du grade inférieur; être cassés pour descendre au grade de Caporal; être cassés & remis à leur rang de Soldat: & enfin être cassés & mis à la queue de la compagnie.

Les Caporaux pourront de même être suspendus pour un temps de leurs fonctions, être cassés & remis à leur rang de Soldat ou à la queue de la compagnie.

30.

*Casse des bas Officiers.*

Tout bas Officier qui se sera mis deux fois dans le cas d'être suspendu des fonctions de son grade pour un temps limité, sera cassé pour la troisième fois.

Si, en étant cassé, un bas Officier est conservé Caporal, il remplacera le Caporal qui sera fait bas Officier à sa place.

Si, en étant cassé, il est remis Soldat, sans perdre son rang, il restera dans sa compagnie, y reprendra le rang d'ancienneté qu'il y avoit comme Soldat; & si ce rang le mettoit dans le cas d'être Appointé, il le deviendra à la première place vacante.

Mais si, en étant cassé & redevenant Soldat, sa faute a été assez grave pour qu'on y ajoute la punition de lui faire perdre son rang; dans ce cas, il sera mis à la queue de sa compagnie, ou d'une autre compagnie, si le Commandant le juge à propos.

31.

*Casse des Caporaux.*

Il en sera usé de même pour un Caporal, quand il sera cassé ou remis Soldat sans perdre son rang, ou cassé & remis à la queue de sa compagnie, ou d'une autre compagnie.

32.

*Sergent-major, suspendu de ses fonctions.*

LORSQU'UN Sergent-major sera suspendu de ses fonctions, pour un temps limité, il fera le service de Sergent que le Commandant de la compagnie aura, avec l'approbation ou Commandant du régiment, désigné dans sa compagnie pour le remplacer dans lesdites fonctions; sa haute-paye de Sergent-major, passera moitié au Sergent qui le remplacera, & moitié à la masse de compagnie; il ne touchera, pendant tout le temps qu'il sera suspendu, que celle du Sergent qui l'aura remplacé.

33.

*Sergent ou Fourrier, suspendu.*

LORSQU'UN Sergent ou Fourrier sera suspendu de ses fonctions, il ne fera plus que le service du Caporal de la compagnie que le Commandant de ladite compagnie aura désigné pour le remplacer; sa haute-paye aura la même destination réglée par l'article ci-dessus, de manière qu'il ne touche que la paye de Caporal.

34.

*Caporal, suspendu.*

TOUT Caporal suspendu de ses fonctions, fera de même le service de l'Appointé qui le remplacera, & sa haute-paye passera, moitié en supplément audit Appointé, & moitié à la masse de compagnie.

35.

*Punitions des Appointés.*

UN Appointé, soit négligent, soit mal tenu, soit de mauvais exemple, pourra, indépendamment des punitions affectées au Soldat, qui lui seront communes, être cassé & remis, soit au centre de la compagnie, soit à la queue de la compagnie, suivant le degré de la faute qu'il aura commise.

36.

*Marques distinctives*

LES bas Officiers & Caporaux, simplement suspendus de leurs fonctions, continueront de porter les marques distinctives

distinctives de leur grade; en sorte que les Caporaux & Soldats pour les uns, & les Soldats pour les autres, continuent d'avoir pour eux la même déférence, à la portion d'autorité près, dont ils sont déchus par la suspension de leurs fonctions.

*conservées aux bas Officiers & Caporaux, suspendus.*

## 37.

*Bas Officiers & Caporaux, par qui punis.*

LES Lieutenans & Sous-lieutenans ne pourront punir les bas Officiers & Caporaux, qu'en les consignant ou les mettant à la salle de discipline.

Les Capitaines en second pourront, de plus, mettre en prison, ceux de leur compagnie seulement.

Le Capitaine-commandant aura le droit de suspendre de leurs fonctions, ceux de sa compagnie seulement.

Le pouvoir de les casser, appartiendra au seul Colonel du régiment.

Lorsqu'un Lieutenant commandera la compagnie, il pourra toutefois mettre les bas Officiers en prison, ainsi que l'auroit pu faire le Capitaine: le Capitaine en second qui commandera la compagnie, en l'absence du Capitaine-commandant, pourra de même suspendre un bas Officier ou Caporal de ses fonctions; & enfin, tout Officier supérieur commandant le régiment, pourra casser des bas Officiers ou Caporaux: l'intention de Sa Majesté étant toujours, que tout Officier qui remplace l'Officier qui est au-dessus de lui, dans ses fonctions, devenant responsable comme lui, ait dans la main les mêmes moyens d'autorité & de discipline.

## 38.

*Suspension ou casse annoncée.*

POUR suspendre un bas Officier ou Caporal de ses fonctions, pendant un temps déterminé, il suffira de l'annoncer à l'ordre du régiment & au cercle particulier d'ordre de la compagnie; mais la casse emportant la destitution absolue du grade, elle sera prononcée à la tête de la compagnie ou de la troupe, dans la forme ci-après ordonnée.

## 39.

*Forme de la punition.*

LORSQU'ON annonçera à l'ordre du régiment & au cercle d'ordre particulier de la compagnie, qu'un bas Officier ou Caporal est suspendu de ses fonctions, on spécifiera toujours pour quel motif cette punition est faite, & le temps qu'elle doit durer.

Lorsqu'on devra casser un bas Officier ou Caporal, il sera conduit par un détachement de la garde de police à la tête de la compagnie ou de la troupe; l'Officier qui devra le faire casser, & qui sera du même grade que celui qui aura fait la réception, mettra l'épée à la main, & dira à haute voix: *de par le Roi, bas Officiers, Caporaux & Soldats* (si c'est un Sergent-major qu'on casse), *vous ne reconnoîtrez plus le nommé un tel pour Sergent-major, attendu qu'il a mérité par sa conduite, de redescendre au grade de* ______ *ayant commis telle ou telle faute:* il en sera usé de même pour un Sergent, Caporal ou Appointé.

Le détachement de la garde de police le reconduira ensuite à la salle de discipline, où il passera au moins la nuit.

## 40.

*Punitions des Adjudans.*

LES Adjudans seront, suivant la nature & le degré de leur faute, consignés au quartier, mis aux arrêts dans leur chambre, mis en prison, suspendus de leurs fonctions pendant un temps limité, destitués de leur emploi & remis bas Officiers, ou enfin cassés, & alors replacés comme simples Soldats dans une compagnie.

## 41.

*Comment annoncées.*

LORSQU'ILS seront mis en prison, ils le seront dans une prison séparée & sans communication avec les Soldats & bas Officiers.

Quand ils seront suspendus pour un temps limité, de leurs fonctions, ils y seront remplacés par un bas Officier, au choix du Commandant du régiment, & duquel ils feront le fervice, & dans ce cas on leur retiendra un quart de leur paye qui fera ajouté en fupplément à celle du bas Officier qui les remplacera.

Quand ils feront deftitués & remis bas Officiers, cela fera annoncé à l'ordre, & lorfqu'ils feront caffés, ils le feront à la tête des bas Officiers & par le Major du régiment; mais quand le Colonel fera abfent, ils ne pourront l'être que par fon ordre exprès.

42.

*Regiftre des punitions.*

Il fera tenu par les foins du Commandant du régiment, un regiftre où feront enregiftrées toutes les punitions des Adjudans, bas Officiers, Caporaux & Appointés, en y fpécifiant l'efpèce de punition, le motif & la date. Ce regiftre qui reftera dépofé entre les mains du Commandant du régiment, fervira à affermir l'opinion qu'on devra avoir de chacun d'eux, & la conduite à tenir en conféquence à leur égard.

## *Punitions des Soldats.*

43.

*Différentes natures de punitions.*

Les punitions des Soldats feront:

*La configne au quartier,*

*La configne à la chambre,*

*La falle de difcipline,*

*Les coups de plat de fabre.*

Sa Majefté défend expreffément toutes les punitions nuifibles à la fanté, tels que le piquet, le redoublement des gardes, les exercices extraordinaires, &c.

La prifon fera permife, mais rarement & feulement dans des cas graves.

Le cachot n'aura lieu que pour les criminels.

Sa Majefté détaillera ci-après ces divers genres de punitions; Elle n'a pas jugé d'ailleurs devoir indiquer avec précifion les différens cas auxquels elles feroient applicables, les fautes étant modifiées à l'infini par les circonstances locales ou personnelles qui les accompagnent, & les tarifs annonçant plutôt l'insuffisance des vues du Législateur que sa prévoyance, Elle se bornera donc à donner des indications générales que l'intelligence des Commandans de régiment devra remplir, & que la prudence & la sagesse des Officiers généraux employés près de ses Troupes devront surveiller.

44.

*Consigne au quartier.*

TOUT Soldat consigné au quartier ne sera dispensé d'aucun service, soit au dedans, soit au dehors du régiment; il portera, tant que sa punition durera, la lettre *C*, en drap rouge ou bleu, suivant la couleur du fond de l'uniforme, attachée sur la poitrine, & fera toutes les corvées du dehors des chambres, c'est-à-dire, des escaliers, des corridors, de la cour, &c.

45.

*Consigne dans la chambre.*

TOUT homme consigné à la chambre, ne sera de même dispensé d'aucun service, soit au dedans, soit au dehors du régiment, portera de même la lettre *C*, & fera toutes les corvées du dedans, telles que balayage des chambres, sciage ou portage de bois, nettoyage des habits & armes des absens ou servans à l'hôpital, corvées de magasins du régiment, & autres de ce genre dans les bâtimens du quartier.

## *Salles de Discipline.*

46.

*Leur police.*

LES salles de discipline seront toujours dans le quartier & sous la surveillance du Commandant de la garde du quartier, qui répondra de l'ordre & de la discipline qui y seront observés.

47.

*Nombre de salles.*

IL y aura plusieurs chambres, suivant leur grandeur, & toujours

& toujours au moins deux, dont l'une destinée aux bas Officiers : quand il sera possible, on en donnera une aux Caporaux.

48.

*Comment tenues.*

LES salles de discipline seront toujours fermées à clef, & les fenêtres seront grillées de barreaux.

Les clefs seront déposées entre les mains du bas Officier commandant la garde de police.

Il y aura dans chaque chambre un lit-de-camp en bois, pareil à ceux des corps-de-garde, avec plusieurs paillasses & couvertures, à raison d'une par chaque homme, un ou deux bancs, une table, un baquet & une cruche.

Ces effets seront pris, les uns sur le complet des fournitures du régiment ou du bataillon, & les autres sur les fonds de la masse générale.

La paille sera renouvelée dans les paillasses, tous les deux mois quand elles seront occupées, & plus tard quand elles ne le seront pas; elle sera prise sur celle qui revient au régiment ou au bataillon, & précomptée sur celle qui doit être renouvelée tous les six mois.

49.

*Nourriture des Soldats, à la salle de discipline.*

CHAQUE homme détenu à la salle de discipline, recevra sa ration de pain; son ordinaire, auquel sa paye demeurera abandonnée, lui enverra en outre la soupe sans viande, riz ni légumes; le Sergent de police visitera les pots dans lesquels on la portera, & en sera responsable.

50.

*Nourriture des bas Officiers & Caporaux.*

LES bas Officiers & Caporaux détenus à la salle de discipline, seront de même réduits à la seule nourriture du pain, avec le même supplément.

51.

*Bas Officiers & Soldats, exercés au peloton d'instruction.*

Les Soldats enfermés à la salle de discipline, seront régulièrement exercés au peloton d'instruction :

Il en sera de même des bas Officiers & Caporaux.

52.

*Visite des salles.*

Le Capitaine de police visitera, une fois par jour au moins, les salles de discipline; le Commandant de la garde de police les visitera deux fois.

Les Officiers supérieurs ne négligeront pas d'en faire aussi quelquefois la visite.

## *Des Coups de plat de sabre.*

53.

*Cette punition aura lieu dans toutes les troupes.*

Sa Majesté entend que cette punition, qui joint à l'avantage d'un effet prompt, & d'un usage facile pour la discipline dans les camps & dans les armées, celui de n'être ni nuisible ni flétrissant, ait lieu dans toutes ses Troupes, de quelqu'arme qu'elles soient, & Elle en rend les Commandans de ses provinces, de ses divisions, de ses Places & de ses régimens, responsables, chacun en ce qui les concerne.

54.

*Quand ordonnée.*

Mais en confirmant cette punition, & en voulant qu'elle soit d'un usage général dans les Troupes, Sa Majesté ne veut point qu'elle soit appliquée aux fautes légères, pour lesquelles Elle a indiqué ci-dessus des punitions qui leur sont spécialement destinées.

L'usage des coups de plat de sabre, doit être réservé pour toutes les fautes de désobéissance, d'insubordination, de mauvais propos, de querelles graves avec d'autres Soldats, de désordres publics ou d'oppression envers les habitans.

Cette punition ne sera employée dans les fautes légères, telles que tenue, manquement à l'exercice ou à l'ordre journalier, que quand il y aura récidive habituelle, qui prouvera une mauvaise volonté, ou une affirmation déterminée d'indiscipline.

55.

*Comment infligée.*

LES coups de plat de sabre ne seront jamais donnés autrement que sur les fesses, & dans la salle de discipline, l'homme condamné à les recevoir, étant à cet effet couché sur le ventre, & alongé sur une botte de paille & sur le lit-de-camp.

Cette punition sera toujours infligée, une heure avant la retraite, par le Caporal de semaine, en présence de l'Officier de semaine & du Capitaine de police. Si l'homme qui doit les recevoir n'est pas détenu à la salle de discipline, il y sera mené à cet effet & y passera la nuit, pour en sortir le lendemain, si sa faute n'a pas mérité qu'on l'y laisse plus long-temps.

56.

*Punition publique.*

DANS le cas toutefois où un Soldat auroit violé la discipline par un acte ou par un propos public de désobéissance ou de mutinerie, ou troublé l'ordre civil, par un tapage scandaleux, sa faute devant être expiée avec le même éclat, cette punition lui sera infligée dehors, soit à l'heure des appels, soit à l'heure de l'inspection de la garde. L'homme sera ramené à la salle de discipline après la punition & y restera vingt-quatre heures au moins.

57.

*Par qui infligée.*

LES coups de plat de sabre seront toujours donnés par le Caporal de semaine.

58.

*Nombre de coups, réglé.*

IL ne sera jamais donné plus de vingt-cinq coups de plat de sabre à la fois, & on ne pourra répéter la même correction que le lendemain.

59.

*Par qui ordonné.* Les bas Officiers ne pourront jamais, de leur propre autorité, donner ni faire donner des coups de plat de sabre.

Les Lieutenans & Sous-lieutenans n'en pourront ordonner que jusqu'à dix, les Capitaines en second jusqu'à vingt, les Capitaines-commandans & Officiers supérieurs non commandant les régimens ou les bataillons d'Infanterie légère, jusqu'à vingt-cinq.

Les Commandans des régimens ou des bataillons pourront seuls faire répéter ce nombre, deux ou plusieurs jours de suite.

60.

*Ne pourra l'être par les États-majors des Places.* La punition des coups de plat de sabre, ne sera jamais appliquée aux fautes relatives au service des Places, & en conséquence elle ne pourra jamais être ordonnée par les États-majors, mais elle le sera par les Officiers généraux attachés aux Troupes, toutes les fois qu'ils la jugeront nécessaire.

*De la prison.*

61.

*Nourriture.* Les bas Officiers, Caporaux & Soldats condamnés à la prison, y seront au pain & à l'eau, & couchés sur la paille.

On ne leur portera point de soupe, & il leur sera fourni en supplément à leur ration, une demi-livre de pain, laquelle sera payée sur leur solde, après en avoir prélevé la somme qui devra être versée à la masse de compagnie, conformément à l'Ordonnance d'Administration.

62.

*Les bas Officiers séparés.* Les bas Officiers seront, même en prison, séparés des Soldats, & il en sera usé pour leur haute-paye, ainsi qu'il a été réglé par l'Ordonnance susdite.

63. Il

63.

*Tenue des prisonniers.*

Il sera fourni par le Concierge à tout homme qui entrera en prison, douze livres de paille neuve, cette quantité sera mise par-dessus l'ancienne qu'on n'ôtera que quand elle sera hors d'état de servir.

Si le prisonnier y reste au-delà de quinze jours, on lui renouvellera sa paille dans la même quantité.

Les Geoliers seront tenus d'entretenir la propreté dans les prisons, & d'y fournir aux prisonniers de l'eau fraîche & de bonne qualité.

Il sera payé aux Geoliers, tant pour la paille que pour leurs soins, six liards par jour par Soldat, & trois sous par bas Officier : cette somme sera prélevée sur le restant de leur solde.

64.

*Mêmes règles pour les prisons des Places.*

Les règles ci-dessus seront observées dans les prisons des Places & villes de guerre, & autres prisons où on admettra des Soldats, & seront en conséquence insérées dans les nouvelles Ordonnances que Sa Majesté rendra à cet égard.

65.

*Geoliers responsables de leurs prisonniers.*

Les Geoliers seront responsables de la sûreté des prisonniers qui leur seront confiés, leur devoir étant de demander à cet effet les précautions ou la main-forte qui leur seront nécessaires.

66.

*Punition de prison, fort rare.*

Malgré les soins prescrits ci-dessus par Sa Majesté pour la propreté des prisonniers, les prisons étant toujours mal-saines, & plus propres à corrompre les hommes qu'à les corriger, les Commandans des régimens n'y mettront de Soldats & de bas Officiers que pour des fautes très-graves, & que les autres punitions n'auroient pu amender.

Ils éviteront encore avec plus de soin de mettre les

hommes au cachot, qui manque presque toujours d'air & de sécheresse; & ce ne sera qu'à la dernière extrémité & sur des indices de crime.

Les Commandans des compagnies inscriront soigneusement sur leur registre de compagnie, toutes les punitions, avec la date, l'espèce, les motifs & les circonstances.

Les Commandans des Corps se le feront quelquefois représenter, pour s'assurer de son exactitude.

## TITRE XIV.

### *Des moyens d'assurer l'exécution du présent Règlement.*

SA MAJESTÉ étant convaincue que ce n'est que par l'exacte & continuelle exécution de l'ensemble des détails qui composent le présent Règlement, qu'Elle peut porter & maintenir dans toutes ses Troupes d'Infanterie la perfection & l'uniformité de discipline desirables: & sentant en même temps que cette exacte & continuelle exécution, qui finit par imprimer aux régimens l'esprit, l'habitude & le goût de l'ordre & de la règle, ne peut s'assurer que par des formes & des méthodes invariables, tant dans les ordres donnés que dans les rapports, demandes & moyens de surveillance; Elle a jugé qu'il étoit nécessaire de fixer ces formes & méthodes, & que leur place naturelle étoit dans le dernier Titre de ce Règlement:

ARTICLE PREMIER.

*Feuille de rapport par compagnie.*

TOUS les rapports du mouvement journalier du régiment, auront pour base & pour pièce élémentaire la feuille qui a été établie *n.° 1*, dans l'Instruction arrêtée par Sa Majesté, concernant les rapports & la correspondance des Troupes, & qui, dans la rédaction du Code, sera annexée à la présente Ordonnance.

2.

*Quand renouvelée.*

CETTE feuille, tenue par le Fourrier, sera renouvelée tous les mois, & visée chaque jour par les Capitaines ou Commandans des compagnies à la case indiquée; elle aura pour objet, au moyen des enregistremens des mutations journalières, qui y seront faits avec exactitude, de servir à assurer la justesse de tous les rapports & l'état de situation du régiment ou du bataillon.

3.

*Rapport journalier.*

LES Fourriers se rendront tous les jours, après l'appel du matin, munis de cette feuille, chez l'Adjudant du régiment chargé du rapport journalier; celui-ci recevra le rapport des vingt-quatre heures de chaque compagnie, & fera faire dans le bureau du Quartier-maître, de tous ces rapports réunis, un rapport général, lequel sera conforme au modèle qui a été annexé sous le *n.° 2*, à l'Instruction concernant les rapports & la correspondance, & qui, dans la rédaction du code, rentrera à la suite de la présente Ordonnance, à laquelle il est plus naturellement relatif.

L'Adjudant signera le rapport ci-dessus, & le remettra au Major en second, ou à son défaut au dernier Officier supérieur.

4.

*Cas de séparation.*

SI le régiment se trouve séparé en plusieurs quartiers ou logemens, de manière à pouvoir se correspondre assez promptement, pour que les rapports particuliers des parties détachées puissent être insérés dans le rapport général; le Commandant du régiment donnera ses ordres en conséquence.

5.

*Rapport aux Officiers supérieurs.*

LE Major en second remplira lui-même les notes qui se trouvent derrière ledit état, sous le titre de *détail du rapport*, d'après les comptes qui lui auront été rendus par écrit par les Commandans des compagnies, dans la forme suivante; ensuite il l'enverra, signé de lui, au Major, & celui-ci au Lieutenant-colonel qui le remettra au Colonel.

6.

*Billet de rapport des Capitaines.*

LE Capitaine en second remplira de sa main & dans les cases ou places marquées pour chaque objet, conformément au modèle *n.° 9*, le billet de rapport journalier; s'il y a des demandes à faire, soit pour les Officiers, bas Officiers ou Soldats de sa compagnie, il les ajoutera au bas dudit rapport, en les motivant.

Ces demandes seront visées & apostillées par le Capitaine-commandant, auquel le Capitaine en second enverra, à cet effet, son rapport par le Fourrier, qui le portera ensuite au Major en second.

7.

*Relevé des billets de rapport.*

LE Major en second fera le relevé de ces demandes, & les enregistrera dans la feuille du rapport journalier, à la case tracée à cet effet, & il fera passer, suivant ce qui a été dit à l'*article 5*, le rapport au Major, d'où il parviendra, par le Lieutenant-colonel, au Colonel.

8.

*Réponse aux demandes des Capitaines, en cas de parade.*

QUAND il y aura parade, ce sera à la parade, où tous les Officiers devront se trouver, que le Colonel fera connoître au Lieutenant-colonel ses intentions sur toutes les demandes qui lui auront été faites par le rapport, & celui-ci les fera parvenir, de grade en grade, aux demandeurs.

9.

*Réponse aux demandes, lorsqu'il n'y aura pas de parade.*

LORSQU'IL n'y aura pas de parade, le Lieutenant-colonel & les autres Officiers supérieurs se rendront chez le Colonel, & ce premier y recevra les ordres sur tous les objets exposés au rapport, pour les faire passer ensuite, de grade en grade, à celui ou à ceux que ces ordres concerneront.

10. AU

## 10.

*Tout autre rapport supprimé.*

Au moyen de ce que les Officiers supérieurs & le Commandant du régiment auront été instruits, d'une manière précise & sûre, de ce qu'il y aura eu de nouveau dans le régiment, il n'y aura plus à la parade d'autre rapport verbal que celui du Commandant du régiment au Commandant de la Place, & la présentation de la feuille du rapport journalier, faite par le Commandant du régiment au Maréchal-de-camp divisionnaire, lorsqu'il sera présent.

## 11.

*Demandes des Officiers.*

Toutes les demandes des Lieutenans ou Sous-lieutenans des compagnies, de quelque genre qu'elles soient, passeront, conformément à ce qui est prescrit au *Titre Ier* du présent Règlement, de ceux-ci au Capitaine en second, du Capitaine en second au Capitaine-commandant, &c.

Il en sera de même de celles du Capitaine en second, & successivement du Capitaine-commandant, &c. soit qu'elles se fassent verbalement, soit par écrit.

## 12.

*Demandes de grâces.*

A l'égard des demandes extraordinaires, telles que mémoires pour grâces quelconques dépendantes de Sa Majesté, elles se feront en forme de mémoire, & conformément aux modèles annexés au présent Règlement, sous le *n.° 10;* modèles qui sont aussi annexés à l'Instruction permanente concernant les Revues d'inspection, ces grâces ayant presque toutes rapport à l'époque & au travail de ces Revues.

## 13.

*Mémoires pour congés & reliefs.*

Quant aux mémoires pour congés & reliefs, ils seront conformes aux modèles qui seront joints à l'Ordonnance des Semestres & Congés.

TITRE XIV.

## 14.

*Registre de détail des compagnies.*

L'ORDONNANCE d'administration intérieure des régimens ayant fixé les modèles de registres des compagnies, à l'usage des Capitaines, il reste à fixer ici, les livrets particuliers que devront tenir les Officiers & bas Officiers des compagnies, soit par extrait, soit en conformité de celui du Capitaine, pour être chacun d'eux en état de répondre des détails relatifs à ses fonctions, & de ceux que le Capitaine jugera à propos de lui confier.

## 15.

*Livret des Sergent-major & Fourrier.*

LE Sergent-major & le Fourrier tiendront chacun un livret portatif, dans lequel seront inscrits :

1.° Le demi-signalement de chaque homme, c'est-à-dire, ses noms & surnoms, son âge, lieux de naissance, juridiction & province, & depuis quand il est au régiment.

2.° Le rang de taille avec l'âge.

3.° La formation des ordinaires & escouades, avec les Officiers & bas Officiers qui y sont attachés.

4.° Le logement de la compagnie, y compris les Officiers.

5.° La situation de l'habillement, équipement & armement.

6.° Les recettes des distributions du prêt, pain, chauffage, &c.

7.° Les entrées & sorties d'hôpitaux.

8.° Les époques des départs & retours des congés.

9.° L'état des travailleurs & des hommes qui font leur service.

## 16.

*Du Sergent.*

CHAQUE Sergent aura de même un livret portatif dans lequel seront inscrits :

1.° Les noms des hommes qui composent sa subdivision, avec leurs taille, âge, lieux de naissance, & leur arrivée au régiment.

2.° Les effets de petite monture de chaque homme.

3.° L'état de l'habillement, équipement & armement.

## 17.

*Des Lieutenans & Sous-lieutenans.*

LES Lieutenans & Sous-lieutenans auront pareillement un livret composé des mêmes objets que celui du Sergent, & comprenant les quatre subdivisions de la compagnie, afin que si les circonstances les obligeoient dans le courant de l'année, de passer d'une subdivision à l'autre, ils connoissent d'avance les objets qui concernent la subdivision où ils passeront.

## 18.

*Uniformité des livrets.*

CES livrets seront tous uniformes dans les régimens, & seront imprimés ou tracés proprement à la main, de manière que les indications & les cases soient nettes: ils seront ensuite remplis de la main des Officiers, & autant qu'il se pourra, de celle des bas Officiers.

Les Capitaines en second les vérifieront tous les mois, & les signeront; ils seront ensuite visés par le Capitaine-commandant.

Le Commandant du régiment se les fera représenter tous les deux mois, à l'époque de chaque revue.

## 19.

*Livrets des Officiers surnuméraires.*

LES Officiers surnuméraires des régimens Allemands & de celui de Royal-Liégeois, qui suppléeront des Officiers en pied dans leurs fonctions, continueront de tenir leurs livrets, en sorte qu'il n'y ait jamais, autant qu'il se pourra, d'interruption dans leur tenue; & au cas que les Officiers en pied ne soient pas suppléés, ils remettront leurs livrets au courant, quand ils reprendront leurs fonctions, & le Capitaine en sera responsable.

20.

*Livre d'ordre.*

IL sera établi dans chaque régiment un livre d'ordre; ce livre qui contiendra tous les ordres, tant journaliers qu'extraordinaires que donnera le Commandant du régiment, sera portatif & tenu à quart de marge; il sera renouvelé tous les ans à la revue finale d'inspection. Ce livre sera numéroté au haut de chaque page, & paraphé au bas par l'Inspecteur divisionnaire.

21.

*Ordres journaliers du Colonel, enregistrés.*

ON inférera dans ce livre, non-seulement les ordres journaliers donnés par le Commandant du régiment, présent aux drapeaux, mais même les ordres envoyés par le Colonel quand il sera absent; ces derniers y seront copiés littéralement avec la date du jour qu'ils seront parvenus, & ces mots ajoutés, *pour copie collationnée,* signés de l'Officier commandant le régiment, auquel ils auront été adressés.

22.

*Idem, pour les Officiers généraux-divisionnaires.*

ON inférera de plus dans ce livre, tous les ordres donnés, soit par le Maréchal-de-camp commandant la brigade, soit par l'Inspecteur-divisionnaire, soit par le Lieutenant général, chef de division, en les leur faisant signer, s'ils sont présens, ou les inscrivant avec ces mots, *pour copie collationnée,* dans la forme prescrite ci-dessus.

23.

*Ordre porté par l'Adjudant.*

TOUS les matins, entre neuf & dix heures, l'Adjudant se rendra chez le Commandant du Corps, pour y prendre l'ordre que celui-ci aura écrit ou fait écrire sur le livre; il le portera chez les autres Officiers supérieurs, pour leur en donner connoissance.

24.

*Livre d'ordre du Capitaine.*

LE Capitaine de chaque compagnie fera tenir par son

ſon Fourrier, un livre d'ordre dans la même forme que celui mentionné ci-deſſus, mais d'un plus petit volume.

Ce livre ſera auſſi renouvelé tous les ans à la revue finale; les feuilles ſeront cotées & paraphées d'avance par le Capitaine-commandant.

Le Fourrier ſe rendra tous les jours chez l'Adjudant, avec ce livre, à l'heure qui aura été fixée, pour copier l'ordre du Commandant, qui ne ſera jamais communiqué à aucun étranger; le Fourrier en ſera reſponſable, en étant ſeul le dépoſitaire.

25.

*Officiers abſens, en prendront lecture à leur retour.*

LORSQU'UN Officier ſe ſera abſenté, il ſe fera repréſenter tous les ordres qui auront été donnés en ſon abſence, & ne pourra jamais, au moyen de cela, prétendre les ignorer.

Il ſera auſſi donné connoiſſance aux bas Officiers & Soldats qui auront été abſens, des ordres donnés pendant leur abſence, qui pourroient les intéreſſer.

26.

*Livre d'ordre repréſenté aux Officiers généraux diviſionnaires.*

LE Maréchal-de-camp commandant la brigade, ſe fera repréſenter, à ſon arrivée, ainſi que l'Inſpecteur-diviſionnaire, lors de ſa revue, le livre d'ordre journalier; ils examineront s'il eſt tenu au courant, & ſi les ordres qui auront été donnés dans le courant de l'année, ſe trouvent conformes aux Loix établies par les Ordonnances; dans ce cas, ils le viſeront.

S'ils s'apercevoient qu'on s'en fût écarté, en quoi que ce puiſſe être, ils donneront, ſuivant l'exigence du cas, des ordres, ou prendront ceux du Commandant de la diviſion, pour que l'ordre, l'uniformité & l'exactitude, ſoient promptement rétablis.

27.

*Idem, au Lieutenant général.*

LE même livre d'ordre ſera mis ſous les yeux du Lieutenant général, lors de ſa revue finale, afin qu'il en faſſe le même examen, & qu'après avoir approuvé ou redressé ce qu'il contient, il le vise, & se fasse présenter le nouveau, à la tête duquel il fera inscrire tous les ordres qu'il donnera ou laissera au régiment.

28.

*Ancien livre d'ordre, en dépôt à l'État-major.*

L'ANCIEN livre d'ordre, ainsi que les livrets d'ordre des compagnies, resteront en dépôt à l'État-major, jusqu'à l'année suivante, pour servir de pièces de renseignemens; & les Officiers généraux divisionnaires pourront, quand ils voudront se les faire communiquer, pour prendre connoissance de ce qui se sera passé dans le régiment.

MANDE & ordonne Sa Majesté aux Gouverneurs & Commandans de ses provinces, Commandans des divisions de ses Troupes, Inspecteurs & autres Officiers généraux-divisionnaires, aux Gouverneurs & Commandans de ses villes & places, aux Colonels de ses régimens d'Infanterie, aux Lieutenans-colonels de ses bataillons d'Infanterie légère, & à tous autres ses Officiers qu'il appartiendra, d'exécuter ou faire exécuter, chacun en ce qui les concerne, le présent Règlement; Sa Majesté dérogeant expressément à toute Ordonnance précédemment rendue, qui seroit contraire aux dispositions de la présente.

FAIT à Versailles le premier Juillet mil sept cent quatre-vingt-huit.

*Signé* LOUIS. *Et plus bas*, LE C.[te] DE BRIENNE.

A PARIS, DE L'IMPRIMERIE ROYALE. 1788.

le même examen, & qu'après avoir [illegible] ce qu'il contient [illegible] à la tête [illegible] on laissera au régiment.

18.

L'intention [illegible] que les livrets d'ordre des compagnies [illegible] jusqu'à l'année suivante, pour [illegible] & les Officiers [illegible] qu'ils [illegible] de les faire [illegible] prendre connoissance de ce qui [illegible] régiment.

MANDE & ORDONNE Sa Majesté aux Gouverneurs & Commandans de ses provinces, Commandans des divisions de ses Troupes, Inspecteurs & autres Officiers généraux [illegible] aux Gouverneurs & Commandans de ses villes & places, aux Colonels de ses régimens d'Infanterie, aux Lieutenans-colonels de ses bataillons d'Infanterie légère, & à tous autres ses Officiers qu'il appartiendra, d'exécuter & faire exécuter, chacun en ce qui les concerne, le présent Règlement; Sa Majesté dérogeant expressément à toute Ordonnance précédemment rendue, qui seroit contraire aux dispositions de la présente.

FAIT à Versailles le premier Juillet mil sept cent quatre-vingt-huit.

*Signé* LOUIS. *Et plus bas,* LE Cte DE BRIENNE.

A PARIS, DE L'IMPRIMERIE ROYALE. 1788.

# *PERMISSION DE MARIAGE.*

## RÉGIMENT d

Cachet
du
Régiment.

*NOUS, Capitaine*
*au Régiment d* *certifions que*
*le nommé* (noms de baptême, de famille, & grade),
*natif de* (lieux de naiſſance, juridiction & province),
*n'a point contracté d'engagement de mariage, venu à notre connoiſſance. Nous lui permettons par le préſent, de ſe marier dans cette Place* (ou à tel endroit), *avec la nommée* (ſes noms & ſurnoms), *conformément aux loix du Royaume.*

*FAIT à* *le* (la date en toutes lettres).

Signature du Capitaine.

*Approuvé par nous, Colonel
dudit Régiment.*

MODÈLE N.° 2,
*prescrit par l'article 50 du Titre VIII.*

# RÉGIMENT d

## *ÉTAT des Élèves de l'École de Lecture, d'Écrit[ure] & d'Arithmétique.*

| HEURES des LEÇONS. | NOMS des COMPAGNIES. | NOMS des ÉLÈVES. | | DATES DE L'ENTRÉE AUX LEÇON[S] | | |
|---|---|---|---|---|---|---|
| | | | | DE LECTURE. | D'ÉCRITURE. | D'ARITHMÉTI[QUE] |
| Depuis telle heure, jusqu'à telle heure. | | | | | | |
| Depuis telle heure, jusqu'à telle heure. | | | | | | |
| Depuis telle heure, jusqu'à telle heure. | | | | | | |

DÈLE N.° 3,
*it par l'article 3 du Titre X.*

# *PERMISSION DE TRAVAILLER*

## EN VILLE OU À LA CAMPAGNE.

*RÉGIMENT* d

COMPAGNIE d

*IL est permis au nommé* (noms de baptême, de famille, & grade), *de la taille de* , *âgé de* *ans*, *de travailler de son métier de* *chez*

*jusqu'à nouvel ordre; avec défense de passer l'heure de la retraite, & de découcher.*

*La présente sera nulle pour les jours de Dimanches & Fêtes.*

*FAIT à* *le* ( la date en toutes lettres).

Signature du Commandant de la Compagnie.

*Approuvé par nous,*
*Commandant du Régiment.*

*N. B.* Lorsque la permission sera pour travailler à la Campagne, on y ajoutera, le nom du Particulier chez qui il travaille, le nom du village, bourg, château ou ferme, & de quelle distance de la Place, & on y apposera le cachet du Régiment.

MODÈLE N.° 4,
*prescrit par l'article 14 du Titre X.*

# *PERMISSION DE SORTIR DU QUARTIE*
## AVANT L'APPEL DU MATIN.

*RÉGIMENT d*

COMPAGNIE d

*LE Commandant de la garde de police du quartier, laissera pa heure avant l'appel du matin, le nommé* (noms baptême, de famille, & grade) *âgé de ans, taille de , allant travailler, pourvu qu'il soit dans tenue prescrite pour les Travailleurs.*

Signature de l'Officier de la subdivision.

*Approuvé par nous, Commandant de ladite Compagnie.*

MODÈLE N.° 5,
prescrit par l'art. 15
du-Titre X.

# PERMISSION DE NE RENTRER
## AU QUARTIER, QU'APRÈS LA RETRAITE.

*RÉGIMENT d*

COMPAGNIE d

*IL est permis au nommé,* (noms de baptême, de famille, & grade) *de la taille de* *âgé de* *ans, de travailler de son métier de* *chez* *rue d* *jusqu'à* *heures du soir, tous les jours ouvrables; il ne pourra dépasser cette heure ni découcher: la présente étant nulle les jours de Dimanches & Fêtes.*

*FAIT à* *le* (la date en toutes lettres).

Signature du Commandant de la Compagnie.

| Vu par nous,<br>Commandant du Régiment. | Approuvé par nous,<br>Commandant de la Place. |
|---|---|

MODÈLE N.° 6.
*prescrit par l'article 16 du Titre X.*

# *PERMISSION DE TRAVAILLER*
## ET DE DÉCOUCHER.

*RÉGIMENT d*

COMPAGNIE d

*IL est permis au nommé* (noms de baptême, de famille, & gr *de la taille de* *âgé de* *ans, de trav* *de son métier de* *chez* *ru* *& d'y coucher.*

*Il est prescrit audit* *de se trouver à sa Compag* *tous les Dimanches & Fêtes, à l'appel du matin, pour y être en* *inspecté, exercé, &c. aux heures ordonnées.*

*FAIT à* *le* (la date en toutes lettres)

Signature du Commandant de la Compagnie.

Vu par nous,
Commandant du Régiment.

Approuvé par nous, Comm
de la Place.

*Nota.* Si la permission est pour travailler à la campagne, on y ajoutera, après le n Particulier chez qui il travaille, le nom du Village, Bourg, Château ou Ferme, & à distance de la Place; & on y apposera le cachet du Régiment.

ODÈLE N.° 7,
scrit par l'article 9
du Titre XI.

# ANNÉE 1788.

## RÉGIMENT d

**ÉTAT** *des bas Officiers, Caporaux & Soldats, susceptibles d'avoir de l'avancement, fait le 1788,*

SAVOIR:

## BAS OFFICIERS.

| RADES. | NOMS des COMPAGNIES. | NOMS des SUJETS. | AGE. | TAILLE. | TALENS. INSTRUCTEUR | SAIT LIRE ET ÉCRIRE |  | ANNÉE de L'ENTRÉE au SERVICE. | DEPUIS QUELLE ANNÉE NOTÉ. | OBSERVATIONS. |
|---|---|---|---|---|---|---|---|---|---|---|
| ergens-majors. |  |  |  |  |  |  |  |  |  |  |
| ourriers Sergens. |  |  |  |  |  |  |  |  |  | *Nota.* La seconde page pour les Caporaux, & les deux autres de la feuille pour les Soldats. |

MODÈLE N.° 8, *prescrit par l'article 22 du Titre XII.*

## *RÉGIMENT d*

## COMPAGNIE d

*APPEL du* 1788, *au matin* ou *au soir.*

*Il ne manque personne.*

ou

*Il manque un tel depuis*

ou

*Tel événement arrivé depuis le dernier Appel.*

Signature de l'Officier de semaine, si c'est l'Appel du soi
ou du Sergent , si c'est l'Appel du ma

DÈLE N.° 9,
t par l'article 6
u Titre XIV.

# RÉGIMENT d

## COMPAGNIE d

RAPPORT du au 1788.

*IL n'y a rien eu de nouveau*

Cas prévus..

*Un tel... est entré à l'hôpital d pour telle maladie.*

*....... est sorti de l'hôpital d*

*....... est entré à la salle de discipline,* ou *en prison, pour* (tel motif), *par ordre de*

*....... est sorti de la salle de discipline,* ou *de prison.*

*....... a reçu coups de plat de sabre, pour* (tel motif), *par ordre de*

*....... est parti en congé, ou en est revenu au terme ou après le terme,*

*....... est congédié,* ou *mort,* ou *réformé,* ou *&c.*

*Nota.* Si le Commandant de la Compagnie a des demandes à faire au Commandant du Corps, pour les bas Officiers & Soldats de sa Compagnie, telles que pour congés, permissions de travailler, proposition de rengagemens, sorties de prison ou salles de discipline; enfin pour toute autre espèce de ce genre, il en détaillera l'objet, & signera ensuite son rapport.

ÈLE N.° 10,
it par l'art. 12
Titre XIV.

A le

DIVISION DE

RÉGIMENT D

## 1.er MODÈLE DE MÉMOIRE.
### POUR PENSION DE RETRAITE.

| | |
|---|---|
| Noms.<br>Âge.<br>Grade.<br>Nombre d'années de ſervice.<br>Détail des ſervices.<br>Détail des campagnes.<br>Bleſſures de guerre. | *Le ſieur* (ſon nom) (grade) *ſe trouvant hors d'état de continuer ſes ſervices* (pour telles raiſons) *conſtatées par le certificat ci-joint, ſupplie Sa Majeſté de vouloir bien lui accorder ſa retraite, avec la penſion dont Elle le jugera ſuſceptible par ſon ancienneté & ſes ſervices.* |

## 2.e MODÈLE DE MÉMOIRE.
### POUR LA CROIX DE SAINT-LOUIS.

| | |
|---|---|
| Mêmes détails que ci-deſſus. | *Le ſieur* (ſon nom) (grade) *ſupplie Sa Majeſté de vouloir bien lui accorder une place dans l'Ordre royal & militaire de Saint-Louis, en conſidération de années de ſervice, dont campagnes de guerre* (de terre ou de mer) *conſtatées par* le certificat ou le brevet ci-joint. |

## 3.e MODÈLE DE MÉMOIRE.
### POUR UNE GRATIFICATION.

| | |
|---|---|
| Noms.<br>Âge.<br>Grade.<br>Nombre d'années de ſervice. | *Je ſupplie Sa Majeſté de vouloir bien accorder une Gratification extraordinaire au ſieur* (ſon nom) (ſon grade)<br>(Expliquer ici le motif de cette demande.) |

# 4.e Modèle de Mémoire.

## Pour toute autre espèce de Grâce.

| | |
|---|---|
| Mêmes détails qu'au premier mémoire d'autre part. | *Le sieur* (son grade) *supplie Sa Majesté de vouloir bien lui accorde* (On spécifiera ici la demande & les motifs sur lesqu est fondée). |

## *Notes relatives aux Mémoires précédens.*

1.° Les certificats pour les Retraites seront signés par les Chirurgiens-majors des Régimen attestés par le Médecin de l'hôpital du lieu.

2.° Les certificats des services & campagnes seront signés des Officiers qui en ont connoissan visés par le Commandant du Corps, jusqu'à ce que les brevets puissent suffire.

3.° Tous les Mémoires, excepté ceux des demandes de Gratification, seront signés, l'Officier demandeur; 2.° de son Capitaine-commandant; 3.° de tous les Officiers supérieur Capitaines & Officiers supérieurs pourront y mettre les apostilles qu'ils jugeront à propos); Maréchal-de-camp commandant la Brigade, quand il sera présent; 5.° du Maréchal-de- inspecteur & du Lieutenant général, en tout temps. Ces Mémoires seront joints à l'état des Grâ

4.° Les Mémoires des demandes de Gratification seront signés par les Colonels seuleme indépendamment de cela, par les Officiers généraux.

5.° Tous les Mémoires seront sur une feuille de papier à la Tellière, pliée à mi-marge.

www.ingramcontent.com/pod-product-compliance
Ingram Content Group UK Ltd.
Pitfield, Milton Keynes, MK11 3LW, UK
UKHW012038240726
13965UKWH00003B/875

9 782013 072878